SPHINX

Das Buch

Der Inhalt dieses Buches ist das Konzentrat aus langjährigen Erfahrungen mit Meditation. Durch seine Klarheit und Tiefe vermag es ein wenig von dem zu vermitteln, was eigentlich unsagbar ist: die Entwicklung zu höheren Stufen des Bewußtseins durch den Prozeß der Meditation.

Angefangen bei der Stille des Denkens bis zur Erfahrung der Einheit mit dem kosmischen Bewußtsein beschreibt Jes Bertelsen mit präzisen Begriffen das Geschehen auf den Stationen dieser Reise. Sein Buch ist eine Landkarte für Menschen, die sich auf dem Weg der Entwicklung befinden, ganz gleich welcher spirituellen Richtung sie folgen. Es führt zu den Gipfeln des für uns Erfahrbaren und bringt von dort einen bleibenden Eindruck in die Welt des alltäglichen Lebens.

Der Autor

Jes Bertelsen, geboren 1946, ist Psychotherapeut mit Jungscher Lehranalyse, Heiler und Meditationslehrter, und arbeitet heute in Jütland, wo er mit seiner Frau Hanne und einem engeren Schülerkreis in einem Meditationszentrum wohnt. Studiert hatte Bertelsen am Institut für Philosophie und Ideengeschichte in Aarhus (Dänemark), wo er bis 1980 neben seiner therapeutischen Arbeit als Lehrer tätig war. Zahlreiche Publikationen von Jes Bertelsen sind bis heute erschienen, darunter eine vierbändige *Tiefenpsychologie*.

Jes Bertelsen

HÖHERES BEWUSSTSEIN

Stufen auf dem Weg der Meditation

SPHINX

Aus dem Dänischen
von Karl Antz

Die Deutsche Bibliothek – CIP-Einheitsaufnahme
Bertelsen, Jes: Höheres Bewußtsein : Stufen auf dem Weg der
Meditation / Jes Bertelsen. [Aus dem Dän. von Karl Antz]. –
Basel : Sphinx, 1993 (Sphinx pocket ; 71)
Einheitssacht.: Højere bevidsthed <dt.>
ISBN 3-85914-371-9
NE: GT

© 1993 Sphinx Verlag, Basel
Originaltitel: Højere Bevidsthed
Erschienen bei Borgen Forlag, Valby, Dänemark
© 1983 Jes Bertelsen
Umschlagbild: Christine Schmid Huguenin
Umschlaggestaltung: Charles Huguenin
Satz: Sphinx, Basel
Herstellung: Clausen & Bosse, Leck
Printed in Germany
ISBN 3-85914-371-9

Inhalt

VORWORT   7

EINLEITUNG   11
    Der Weg zur Meditation   11
    Von der Dualität zur Nondualität   14
    Der Bereich der Meditation   19

TEXT   27
    Höheres Bewußtsein   27

KOMMENTAR   29
1. KAPITEL
    Konzentration   29
2. KAPITEL
    Meditation   41
    Stille und Leere   62
3. KAPITEL
    Illumination   67
    Durchsichtigkeit   76
    Die Umkehr der Geburt   78
4. KAPITEL
    Höheres Bewußtsein   83
    Christusimpuls und Buddhafeld   87
5. KAPITEL
    Einheit   101

VORWORT

Die vorliegende Schrift besteht aus einer Einleitung, einem Text und seinem Kommentar.

Der Text ist ein Konzentrat aus zehnjähriger meditativer Praxis. Meditation bedeutet ganz einfach, still zu werden; das Bewußtsein kommt in einem Zustand der Klarheit zur Ruhe, ohne Bilder, ohne Worte, ohne Schläfrigkeit.

Beschreibt man Meditation, so beschreibt man daher vor allem eine Praxis, eine Reihe von natürlichen Techniken, die dazu dienen, die Unruhen und Stürme, Gedanken und Gefühle des Bewußtseins und des Gemütes zur Ruhe zu bringen.

Meditation hat als Ziel wortlose Stille; daher mag es oft ungeschickt erscheinen, über Meditation und höhere Zustände des Bewußtseins zu schreiben oder davon zu reden, befinden sie sich doch gerade jenseits der vielen Worte.

Darum bemüht sich der eine Seite umfassende Text um eine knappe, formelhafte Sprache, die dennoch den Prozess der Verwandlung des Bewußtseins enthält, von seinem bekannten Ausgangspunkt als Ich-Bewußtsein bis hin zu deutlich höheren ich-transzendenten Meditationszuständen. Die einzelnen Stufen lassen sich begreifen als Verdeutlichung der Techniken, also der Praxis, mit deren Hilfe die Verwandlung des Bewußtseins erreicht werden kann.

Man könnte vielleicht sagen, daß der kurze Haupttext selbst eine Meditation ist.

Einleitung und Kommentar bemühen sich darum, den Sinngehalt des Textes zu vertiefen und deutlicher zu machen.

Dabei enstehen Schwierigkeiten, die in der Natur der Sache liegen. Höheres Bewußtsein ist nicht eben weit verbreitet; daher ist es oft nicht einfach, Nuancen und Aspekte dieser entlegenen Zustände des Bewußtseins zu beschreiben, ist ihnen doch mehr oder weniger gemeinsam, daß sie sich jenseits des sprachlichen Bereiches befinden. Wörter und Sprache teilen die Welt in Begriffe auf, in Gruppierungen, Abschnitte und Einzelheiten. Meditation dagegen strebt danach, die innere und gerade äußere Welt des Menschen als ungetrennt zu erleben. Meditation sucht ein Erleben jenseits der Sprache, jenseits von Worten. Und dennoch muß man versuchen, darüber zu reden und zu schreiben.

Vom Gesichtspunkt des gewöhnlichen Bewußtseins aus mögen viele Phänomene und Gesetzmäßigkeiten in dieser Schrift bizarr und postuliert erscheinen. Der Leser wird daher um viel Geduld mit dem Text und besonders mit seinem Kommentar gebeten.

Des weiteren war es notwendig, Wissen von den grundlegenden und einleitenden Stufen des Prozesses der Individuation vorauszusetzen, doch geht die Einleitung in kurzer Form etwas näher auf diese Probleme ein. Der Kommentar macht nicht viel Wesens um die lange, konstante und mühsame Arbeit am Auflösen von Körperblockierungen, dem Verarbeiten von Emotionen (durch Katharsis, Therapie, Kontrolle, Verwandlung), dem Ausgleich des sexuellen Bereichs, dem notwendigen sozialen Umgang und so weiter. Diese Phänomene und Prozesse werden in anderen Schriften eingehender behandelt.

Daher erscheint der Versuch berechtigt, den reinen

Prozeß der Meditation zu höheren Zuständen des Bewußtseins darzustellen. Text und Kommentar wagen sich wohl einige Schritte tiefer in diesen Bereich hinein als die bisherigen Bücher.

Abschließend eine Bemerkung eher persönlicher Natur. Hat man durch viele Jahre regelmäßig und täglich mehrere Stunden lang meditiert und sich darum bemüht, das meditative Bewußtsein in den Alltag einzubringen mit seinem Aufwasch und seinen Emotionen, seinen Freuden und wechselnden Stimmungen, so weiß man: vor allem zu Anfang vergeht oft lange Zeit bis zu einem Augenblick der Fülle. Über lange Zeiträume lebt man in gewöhnlichen Bewußtseinszuständen. Text und Kommentar sind nun aber ein Inbegriff der Summe derartiger Augenblicke. Der Text verweist auf die klarsten und leuchtendsten dieser Augenblicke und Perioden des Erfülltseins, er baut auf ihnen auf. Und der Kommentar findet seine existentielle Grundlage in der Summe aller dieser mehr oder weniger hochgestimmten Augenblicke. Diese sind wirklich; was aber nicht bedeutet, daß das gewöhnliche Bewußtsein in seiner Gesamtheit verwandelt wäre, ebensowenig wie es bedeutet, daß es um die Gipfel der Fülle keine Täler und Ebenen, Wiesen und Wälder gäbe.

So ist es. Und dennoch mag es berechtigt erscheinen, ein meditatives Produkt in seiner Klarheit herauszufiltern. Diese spirituelle Klarheit wird langsam den Alltag durchdringen und noch die alltäglichste Handlung zu einem Dienst am Höheren machen.

Text und Kommentar dieses Buches wurden leicht bearbeitet aus der dänischen Originalausgabe übernommen. Die Einleitung ist ein Auszug aus dem Heft «Meditation», einer redigierten Fassung der Kurse «Der östliche Impuls», «Die Quelle des Bewußtseins» und «Bewußtseinskontinuität», 1992 am «Vækstcenter» in Nørre Snede erschienen. Die Bearbeitung dieses Auszuges für die deutsche Version besorgte Karl Antz.

EINLEITUNG

Der Weg zur Meditation

Menschen, die sich auf einem Weg der Entwicklung befinden, benötigen Landkarten, die ihnen zeigen, wo sie sind und wo ihr Weg sie hinführt. Ohne solche Richtlinien oder Wegzeichen ist es fast unmöglich, auf einem Entwicklungsweg voranzukommen. Eine solche Karte darf man nicht buchstabengetreu lesen. Man sollte nicht fest mit bestimmten eingezeichneten Stationen auf dem Weg rechnen, sondern sie benutzen und den Spuren folgen, die frühere Wanderer hinterlassen haben – so kann man an den richtigen Stellen rasten und neue Energie sammeln, um die gefährlichen Orte zu passieren.

Im allgemeinen brauchen Menschen eine solche Karte, wenn sie sich nicht verirren wollen. Andererseits: je mehr ein Mensch zu sich selber findet, desto schwieriger werden Voraussagen über seinen Weg.

Bislang gab es keine Möglichkeit, die unterschiedlichen spirituellen Wege in einem einzigen Verständnis des Entwicklungsweges zu sammeln. Heute sieht es nun aber so aus, als bestehe die Möglichkeit einer Beschreibung, die einen Querschnitt durch die hauptsächlichen spirituellen Richtungen darstellt.

Wir wollen ein oft angewendetes Bild benutzen und uns ein Gebirge vorstellen.

Im Tal wohnen die Menschen: hier befindet sich das Ich. Dörfer, Felder, Industrien, Windmühlen, Straßen und Autos unten im Tal – all das ist dem Ich bekannt.

Entwicklung bedeutet nun, die Wanderung vom Tal in die Berge hinauf zu beginnen – vom Ich spiralförmig aufwärts durch den Wald, in Richtung auf das Selbst.

Dies ist die erste Stufe des Prozesses der Individuation.

Der nächste Schritt auf diesem Weg erfolgt, wenn Menschen allmählich Erlebnisse der Ganzheit, des Selbst erfahren; Erlebnisse einer Wirklichkeit, die sich blitzhaft öffnet, so daß man einen kurzen Augenblick lang die Chance erhält, die Erde und sich selbst in einer Perspektive der Ganzheit zu betrachten. Ein Gipfel wird erlebt; und damit stellt sich eine Aufgabe: die übrigen Teile des Ichs auf dieses Niveau zu heben und die Perspektive des Selbst langsam von dieser Höhe tief in den Alltag hineinzutragen.

Das bedeutet, das Selbst im Täglichen zu verwirklichen – im All-täglichen.

An der Welt des Ich gemessen ist das Selbst eine gewaltige Erweiterung; doch ist es noch immer eine Identität.

Bewegt man sich in unserem Bild über die Baumgrenze hinaus, so entdeckt man, daß der Berg noch höher. Nun kommt ein Bereich, in dem es nur Gras, Büschel, Blumen und verstreute Steine gibt – jedoch noch keinen Schnee. Hier findet sich viel mehr Luft. Alles ist kristallhaft wie in einer Höhe von drei- bis viertausend Metern. Ein vibrierendes, klares und gewaltiges Blickfeld – weiter, kollektiver und mit noch weniger Identität als das des Selbst.

Diese Stufe möchte ich das offene Feld oder das Meisterfeld nennen.

Hier entdeckt man die vollkommene Illusion des Ichs, das doch auf seiner eigenen Ebene wahr ist. Sogar das Selbst erweist sich als künstliche Einschränkung, um eine Begegnung mit der Leere, der kollektiven identitätslosen Qualität zu vermeiden, die in dieser Höhe herrscht.

Dies ist das Wegstück von der Baumgrenze bis hinauf zum ewigen Schnee und zu den Gipfeln. Und diese sind die Einheit, die wirkliche Erleuchtung.

Und noch einmal muß das Erlebnis verarbeitet werden, so daß das gewöhnliche Bewußtsein vom Niveau des Selbst in den noch weiteren Horizont des offenen Feldes gehoben werden kann.

Die letzte Stufe besteht aus Erlebnissen der Erleuchtung. Und auch diese kulminativen Erlebnisse müssen in die Wirklichkeit getragen werden. Das gewöhnliche Bewußtsein, das inzwischen hochentwickelt ist, muß endgültig verwandelt werden, so daß es vierundzwanzig Stunden am Tage leuchtet.

Das ist die letzte Aufgabe.

Zunächst besteht das Ich im Tal.

Dann beginnt der Prozeß des Weges zum Selbst, mit seinen weit ausgreifenden Erlebnissen dieser Dimension. Und von hier aus muß mit lockerer Hand die Wirklichkeit, das heißt das ganze Leben, geändert werden.

Wandert man dann weiter hinauf dem Selbst entgegen, so entdeckt man den Kosmos – noch unglaublicher und großartiger, als man es in der Dimension des Selbst für möglich gehalten hätte: das offene Feld, das Meisterfeld, dieser unbeschreibbare Zustand kosmischer Energie.

Und noch dieser Zustand ist ein Tarnbild – eine Schale.

Eine Schale, die den innersten Kern der Erleuchtung umschließt.

Von der Dualität zur Nondualität

Wirkliche Meditation, wie ich sie verstehe, ist eine nicht-duale Anwendung des Bewußtseins. Sie ist ein Prozeß: Über Jahre hinweg, vielleicht durch mehrere Lebensverläufe, nähert man sich einem Zustand innerhalb der Persönlichkeit, der die Öffnung für eine nicht-duale Anwendung des Bewußtseins ermöglicht.

Unser gewöhnliches Bewußtsein befindet sich ständig in einem dualen, aufteilenden Bewußtseinszustand – wie auch viel von dem, was heute in Westeuropa an persönlicher Entwicklungsarbeit stattfindet. Die meisten Menschen sind beispielsweise in einem Körper oder um diesen herum lokalisiert. Er ist das Subjekt; aus ihm heraus fühlt, erlebt und denkt man. Ihm steht eine Ansammlung äußerer Objekte gegenüber: die Welt. Wenn wir von den christlichen Mystikern und wenigen anderen Schulen absehen, haben wir im Westen zwar unsere Arbeit darauf konzentriert, das Bewußtsein zu erweitern; doch haben wir uns beständig an den dualen Aspekt gehalten, an Zweigliedrigkeit, an ein Bewußtsein von Subjekt und Objekt.

Man führte in neuerer Zeit den Begriff der Bioenergie ein und stellte die Behauptung auf, daß Energie innerhalb wie auch außerhalb des Körpers existiere. Sie mag als Strömung, Wärme, Vibration oder anderes erlebt werden. Alle derartigen Zustände könnte man Erlebnisse der ätherischen Energie nennen.

In der Arbeit mit dieser Bioenergie hat man sich oft auf das Chakrasystem bezogen. Dieses System ist uns aus dem Osten bekannt, doch existierte es auch entsprechend in der westeuropäischen Mystik. Böhme, Gichtel und andere haben ein solches System verwendet; Steiner und die Theosophen brachten es ins allgemeine Bewußtsein, so daß wohl alle, die sich im Westen mit persönlicher Entwicklung befassen, sich etwas darunter vorstellen können. Anfänglich nimmt man die Existenz dieser Chakren auf Treu und Glauben an; hat man oft Übungen durchgeführt, so wird man allmählich reelle Erfahrungen mit ihnen erleben. Man spürt vielleicht zirkulierende Energieströme, Energiewirbel, das Gefühl einer Zentrierung, Farbenerlebnisse. Nach und nach entwickelt man ein Gefühl für sein Chakrasystem, das ein gutes Werkzeug für den Ausgleich der Persönlichkeit ist.

Auch dieser Zustand: daß man das eigene Chakrasystem fühlen, empfinden oder merken kann, ist nun aber ein dualer Bewußtseinszustand. Es gibt ein registrierendes Subjekt: das Bewußtsein; und es gibt ein Objekt: das Chakra. Das ist zwar eine andere Erfahrung als der Anblick einer weißen Kerze in einer Schale im Raum; die Bewußtseinsfunktion aber ist dieselbe, ob man nun das eigene Chakrasystem empfindet oder einen Gegenstand vor sich sieht. Das registrierende Bewußtsein betrachtet ein Chakra genau so, wie es einen Menschen, einen Baum, eine Wolke oder einen Vogel betrachtet.

Die Fähigkeit, beispielsweise das Chakrasystem zu empfinden, ist also noch nicht Meditation, sondern Vorbereitung darauf. Eigentliche Meditation, unser Ziel, ist eine voll erwachte, eine nicht-duale Anwendung des Bewußtseins.

Nach der physischen und der ätherischen Ebene führt uns unsere Untersuchung zur nächsten Ebene, der astralen, die ebenfalls im Westen bekannt ist. Hier finden wir Emotionen, Träume, Bilder und Archetypen.

Hat man eine Situation von großer Intensität erlebt, beispielsweise eine tiefgehende Therapie, in deren Verlauf starke Traumen aus der Geburt oder aus anderen frühen Lebenssituationen reaktiviert wurden, so mag man eine Vision, einen Archetypus sehen, etwa die negative Mutter in der Gestalt einer großen flammenden Kalifigur mit langen Fangarmen – vielleicht geradezu als wirkliche Gestalt im Raum. So etwas geschieht heutzutage vielen Menschen nach Meditationen, in therapeutischer Arbeit, durch Phantasiereisen oder in ähnlichen Situationen. In diesem Fall erfolgt eine Öffnung in die astrale, archetypische Dimension der Urbilder und Grundstrukturen unserer unbewußten Psyche. Dieser Bereich ist direkt erlebbar als Vision oder Gesicht.

Eine solche Erfahrung kann von größerer oder geringerer Intensität sein. Sitzt man zum Beispiel still und wendet sich nach innen, so erscheinen allmählich Bilder. Zunächst sind es Phantasien, etwas, das man selber herstellt. Allmählich werden sie klarer und wirklicher, bis sie schließlich hochintensive Formen annehmen, in denen sie als leuchtende Hologramme außerhalb des Betrachters wahrgenommen werden.

Sieht man solche astralen Phänomene, die als dreidimensionale Gestalten im Raum, als Gestalten von großer Intensität erscheinen, so befindet man sich ohne jeden Zweifel in einem ungewöhnlichen Bewußtseinszustand. Im allgemeinen müssen Menschen durch einen Schock oder durch Rauschgift in eine extreme Situation geraten oder sich in einem Zustand der Psychose befinden, um so etwas wirklich zu sehen, und daraus entsteht Angst und die Frage: habe ich den Verstand verloren? Andererseits können Menschen, die an ihrer persönlichen Entwicklung arbeiten, gründliche therapeutische Erfahrungen machen und die mit Träumen, Visualisierungen und Meditation arbeiten oft in Zustände geraten, wo sie derartige astrale Phänomene, Bilder und Gestalten sehen.

Nun, auch dieser Bewußtseinszustand ist dual. Es

gibt das Subjekt, das registrierende Bewußtsein, und es gibt das Objekt, den Gegenstand. In diesem Fall ist die Erscheinung eine Art Hologramm, eine archetypische astrale Gestalt. Sie mag im Raum stehen oder um einen anderen Menschen herum leuchten, sie mag durch ihn hervortreten oder durch die eigene Person: es gibt ein Subjekt, das sieht, und ein Objekt, eine astrale Gestalt, ein Lichtwesen, ein Dämon oder was immer es sei. Das ist ein anderer Zustand als der, in dem man Energie, Chakren, Farben oder ähnliches empfindet; aber er ist und bleibt dual. Hier bin ich, dort ist die physische, die ätherische, die astrale Welt: Chakren, Strömungen, Meridiane, Farben und anderes mehr; ich als Subjekt, mein sehendes Auge, mein sehendes Bewußtsein, gegenüber diesen hologrammatischen Strukturen, die sich im Raume, außerhalb der normalen Dimensionen befinden. Und noch Zustände, während derer man sich selbst von außen sieht, sind dual. Zwar versetzt man das Bewußtsein wiederum in einen anderen Modus, doch immer noch gibt es den Aspekt, der sieht, und den Körper, die Aura (und wenn es auch die eigene ist), die gesehen wird.

Der nächste Zustand ist der mentale. Hier findet das Ich seine eigentliche Basis, hier ist der Ort der Bewußtseinsfunktion selbst, der dualen Anwendung des Bewußtseins. Und hier gründet sich die Sprache.

Auch die mentale Anwendung des Bewußtseins ist dual. Sprache ist dual; um überhaupt etwas sagen zu können, teilt sie die Welt in zwei Seiten auf und erschafft ein Feld der Spannung zwischen ihnen, und das ist es, was wir unter mentaler Kommunikation verstehen.

All diese Ebenen sind nicht Meditation. Es sind Stationen auf dem Weg, hervorragende Möglichkeiten zur

Selbsterkenntnis. Bekanntschaft mit ihnen ist wertvoll, denn dadurch vermag man einen inneren Ausgleich zu finden und allmählich zu erkennen, daß die Welt mehr enthält, als die physische Dimension uns zeigt. Viele Menschen haben solche Arbeit getan, und es ist gute und wertvolle Arbeit. Aber es ist nicht Meditation.

Wer jedoch offen ist; offen in der physischen Dimension, so daß er Dinge und Menschen in ihr empfindet und in sich beläßt; offen in der ätherischen Dimension, so daß er die Bioenergie eben jetzt fühlt, sich aber nicht in sie verliert; offen in der astralen Dimension, eben jetzt, indem er Bilder um sich sieht oder Auraerscheinungen um andere Menschen; wer offen in der mentalen Dimension ist, die Sprache benutzt, redet – und dann mit dem Reden aufhört – wer in all diesen Bereichen offen und dabei vollkommen wach, gelassen und entspannt ist, der kommt zur Meditation.

Hier befindet man sich in einer nondualen Anwendung des Bewußtseins, vollkommen wach: es gibt keinen Unterschied zwischen mir und anderen, zwischen der Energie in mir und in anderen, zwischen meinen Chakren und denen anderer; es gibt keinen Unterschied zwischen den Chakren untereinander, zwischen verschiedenen astralen Stukturierungen; sie verschwinden, sie erweisen sich als Illusion. Die Worte verschwinden, die Sprache verschwindet; stattdessen tritt ein nondualer Zustand ein. Das ist Meditation.

Auch schon die christlichen Mystiker kannten die Meditation, doch war sie schon damals nicht sehr verbreitet, und man übt sie noch heute eher selten. Das westliche Verständnis von persönlicher Entwicklung beschäftigt sich – zu Recht – mit allen Phänomenen, die mit Empfindungen zu tun haben, mit Sexualität, ätherischer Energie, Bioenergie, Chakren, Meridianen, Akupunktur, mit astralen Phänomenen, mit Katharsis, einer Rückkehr zum Geburtstrauma, traumatischen Strukturen und dergleichen mehr. Man ist fasziniert von Clairvoyance, von der Fähigkeit, Energie zu sehen. Alle diese Bereiche sind interessant und sinnvoll für die Entwicklung der Persönlichkeit, aber sie sind dual gebunden.

Meditation dagegen ist eine Anwendung des Bewußtseins, die nicht aufteilt. Wir wollen sie nicht mit den anderen hier beschriebenen Zuständen verwechseln.

Der Bereich der Meditation

Im allgemeinen sind in einem Menschen vier Dimensionen wirksam: die physische Dimension, die ätherische der Energie, die astrale mit ihren Emotionen, Gefühlen, Träumen und die mentale, d.h. Sprache und Ich. Alles andere liegt mehr oder weniger im Dunkel, ist verborgen, latent, unwirksam, weder erkannt noch wiedererkannt. Verläßt man nun den mentalen Bereich, so beginnt ein Bereich schnellerer Vibration, einer nondualen Anwendung des Bewußtseins. Er läßt sich in mehrere Teilbereiche aufteilen. Zunächst bewegt man sich in den spirituellen Bereich, dann in den kosmischen und schließlich in den eigentlichen Bereich der Erleuchtung, den Zustand der Einheit, der innerste Kern in jedem Bewußtseinssystem. Welcher Art auch ein Mensch sei, gebildet oder ungebildet, begabt oder unbegabt: der zentrale Bereich seines Bewußtseinssytems ist dieser erleuchtete Zustand.

Menschen, die an ihrer persönlichen Entwicklung arbeiten, berühren zunächst die spirituelle Dimension. Diese erscheint als augenblickshafte Manifestation einer letztlich nondualen Energieform, die sich darstellt als Erlebnis von Licht oder Heilung, Gnade oder Erweiterung. Die Essenz eines solchen Erlebnisses ist ein nondualer Zustand. Das Bewußtsein vermag eine solche Belastung nicht auszuhalten; daher kommentiert es blitzschnell die Situation und bringt sie in eine duale Form, indem es sie strukturiert, als gäbe es zwei Pole: etwa ein Ich und eine Vision des Christus mit strahlenden Händen, oder Gnade, die von oben herab durch mein System hindurchsinkt.

Es gibt einen guten Grund, sich so zu verhalten. Befinden sich Menschen unserer Art über längere Zeit in einem nondualen Zustand, so wird in unserem psychophysischen System mehr Energie freigesetzt als wir ertragen. Um zu überleben, schützen wir uns, indem wir den Zustand dualisieren, d.h. ihn in Subjekt und Objekt aufteilen.

Spirituelle Erlebnisse sind in ihrer Essenz von kurzer Dauer; wir sprechen von Nanosekunden, Bruchteilen von Sekunden eines nondualen Zustandes. Da wir den aber nicht aushalten können, schaffen wir Bilder; wir schieben ihn weg, versetzen ihn in den Himmel, oder aber vor uns als Vision, auf eine andere Person, als Energie. So dualisieren wir die Situation, wir sichern das System und seine Tragfähigkeit. Und das ist vernünftig.

Nonduale Zustände können in mehr oder weniger verschleierter Form auftreten. Erscheinen sie vollkommen rein, so ist das der Zustand der Erleuchtung. Schiebt sich ein einzelner Schleier vor, so scheinen sie hindurch als kosmische Energie, als kosmische Zustände, die ebenfalls nondual sind. Hinter zwei Schleiern manifestieren sie sich als spirituelle Energie, als Gnade, Heilung, Vision, die uns Licht und Liebe fühlen läßt. Alle diese Zustände sind spirituell, und ihre innerste

Essenz ist nondual; doch dauert es nur Bruchteile von Sekunden, bis diese Essenz zu einem dualen Zustand geformt wird, zu Erlebnissen, die man spirituell nennt.

Meditation besteht darin, das Bewußtsein allmählich an den Aufenthalt im nondualen Zustand zu gewöhnen. Es erfordert unglaublich viel Übung und ausgleichende Arbeit, stets größere Klarheit im nondualen Zustand zu erlangen, bis man schließlich gleichsam alle Schalen zerschlägt und in den innersten Kern vordringt, in die Einheit, in das erleuchtete Bewußtsein der Einheit.

Meditation ist also das Bestreben, sich in Zuständen hoher Energie und erweiterten Bewußtseins aufhalten zu lernen und diese nicht in duale Zustände umzuformen; sie nicht in Bilder, Gedanken, Visionen und Gestalten einzukleiden, sondern ihre Energie fassen zu lernen. So führt die bewußte Übung den Übenden tiefer und tiefer in den spirituellen Bereich hinein, hebt den Schleier hebt und enthüllt endlich, daß das Spirituelle letztlich das Kosmische ist. Diese Erkenntnis überfällt den Übenden zunächst blitzhaft, für die Dauer von Sekunden. Und wer sich dann dieser Arbeit fünf bis sechs Jahre gewidmet hat, dem wird es irgendwann einmal gelingen die Maske von der kosmischen Energie zu nehmen und zu entdecken: sie ist und war schon immer erleuchtetes Bewußtsein.

Meditation ist die Entdeckung, daß man sich schon immer, von Anfang an, in einem Zustand erleuchteter Energie befindet. Sie entdeckt was man schon immer war und immer bleiben wird. Sie ist langsame, ruhige Übung darin, sich selbst zu entdecken.

Diese Langsamkeit ist wichtig, wenn man auf Meditation hinarbeitet. Unsere Persönlichkeit, unser Ich, die Person, die wir zu sein glauben, mit Vater und Mutter, mit Hintergrund und Fähigkeiten, Ausbildung und Beziehungen, mit Gefühlen, Erlebnissen und Verletzungen, all das ist eine Struktur, die sich an die duale Anwendung des Bewußtseins knüpft. Unsere Selbstauffassung als Person, ja, daß wir uns überhaupt als Ich, als Subjekt auffassen können, ist an diese Anwendung gebunden. Zunächst teilt man die Welt in Innen und Außen auf. So erlernt man die Anwendung des Bewußtseins: ich, d.h. dieser Körper, bin von aller anderen physischen Materie, von Vater und Mutter, den anderen physischen Körpern und Dingen, geschieden. Dieser Unterschied zwischen Innen und Außen, diese duale Anwendung des Bewußtseins, ist die Basis dafür, daß wir uns selbst überhaupt als Person, als Ich, als eigenständiges Individuum auffassen können.

Die Schwierigkeit in der Meditation liegt darin, daß man ständig auf transduale Zustände hinarbeitet, das heißt auf Zustände, in denen man keine Scheidung vornimmt. Sobald man sich in diesen Bereich hineinbewegt, gibt es keine Auffassung des Ichs, und die Persönlichkeit ist eine Illusion. Man kann sein Ich nicht finden, man weiß nicht, wer man ist, es gibt niemanden.

Alle Menschen können die Funktionsweise ihres Bewußtseins ändern und die normale duale Gangart verlassen, in der wir zwischen Innen und Außen, Ich und Du, Gut und Böse, Chakra und Nicht-Chakra unterscheiden. Alle können das – es ist nicht notwendig, es erst zu lernen. Es sind nicht nur wenige beneidenswerte Menschen, die dazu imstande sind. Jeder kann sein Bewußtsein dual anwenden, wie wir das jetzt tun, oder transdual, wie es nur wenige häufiger tun. Aber es will geübt sein.

Wenden wir unser Bewußtsein transdual an, so verschwindet die Basis für unsere Auffassung der Wirklichkeit. Ich und Persönlichkeit lösen sich auf, und wir geraten in Angst. Wir denken: «Wer bin ich, wo bin ich, ob ich je zurückkomme? – werde ich verrückt, sterbe ich?» Darum müssen wir bei der Anwendung des «vierten Ganges» überaus vorsichtig sein. Denn hier tritt eine qualitative Änderung unserer Auffassung von Persönlichkeit und Welt ein. Die gesamte Basis für die Auffassung eines Ich und einer Person, die sich von der Welt, von anderen Menschen, Tieren und Pflanzen, vom gesamten Universium unterscheidet – diese gesamte Basis verschwindet. Es gibt kein Ich, keine Persönlichkeit, keinen Tod, keine Geburt. In diesem Zustand werden wir – im Ich – äußerst verwirrt und sind nicht imstande, uns zu orientieren. Wir denken uns aus dem Zustand heraus, wir sagen: jetzt bin ich verrückt, ich sterbe, jetzt fährt die Karre in den Dreck.

Unsere Pädagogik legt sehr großen Wert auf die Bearbeitung der basalen Persönlichkeitsstrukturen, die mit dem Ich verbunden sind: auf ein gut angepaßtes, sozial funktionierendes Ich, auf Ordnung in seinen wirtschaftlichen Verhältnissen, möglichst ohne Schulden, auf eine gute Arbeit, die den eigenen Fähigkeiten entspricht; auf gute Kommunikation mit anderen Menschen; – und gleichzeitig zu begreifen, daß hierin nicht der eigentliche Sinn des Daseins liegt. Das ist die erste Stufe des Lernens. Die nächste bezieht sich auf das Harazentrum: die persönliche Sexualität zu pflegen, die Vereinigung von Liebe und Sexualität oft zu erleben und zahlreiche Orgasmen zu erfahren. Man beginnt aber auch tantrisch zu arbeiten, man entwickelt sich weiter und läßt die Sexualität allmählich los. Und weiter: man bearbeitet seine Emotionen, Haß, Verlassenheit, Angst, Panik, Mordlust, Extase, Glück; man macht längerdauernde therapeutische Erfahrungen, war vielleicht gar im Gebärmutterzustand.

Erst wenn in den drei untersten Chakren und in der Persönlichkeit ausreichendes Gleichgewicht vorherrscht, und nur dann, ist eine Öffnung für intensivere Energieebenen sinnvoll und gefahrlos.

Arbeitet man ausgeglichen an Meditation, so wird sich das System der Persönlichkeit nur so weit öffnen, wie es das Gleichgewicht ertragen kann. Dennoch heißt es lebenslang wach sein – denn gleichgewichtige Arbeit erfordert eben diese jahrelange Kultivierung der untersten drei Chakren.

Meditation – die Offenheit des Bewußtseins für die nonduale Funktion – ist den meisten Menschen nur augenblicksweise möglich. Es ist wichtig, das zu verstehen. Viele glauben, man könne ohne weiteres in den meditativen Zustand eintreten. An sich ist das auch richtig; nur erfordert es überaus viel Gleichgewicht und Übung. Ein meditativer Zustand, ein Aufenthalt in einem nondualen wachen Zustand des Bewußtseins für längere Zeit, etwa eine halbe Minute, wird soviel Energie in das System einbringen, daß man wohl mehrere Jahre brauchte, um das zu verarbeiten. Darum dauern solche Zustände, selbst wenn wir wirklich für sie offen sind, nur Sekundenbruchteile.

Mit etwas Übung wird das Meditieren – oder der Versuch zu meditieren – ein dynamischer Prozeß. Es wird zu etwas, das wir tun müssen – oder besser: es wird zu einem ständigen Bemühen, es sein zu lassen. In wenigen glücklichen Augenblicken mögen wir uns einer nondualen Anwendung des Bewußtseins nähern. Doch schon nach Bruchteilen von Sekunden wird das duale Bewußtsein die Oberhand gewinnen; und wir sehen Visionen, wir fühlen gewaltige Energiewellen, oder zahllose uns sehr weise vorkommende Gedanken lösen einander wirbelnd ab.

Meditation ist also eine fundamentale Herausforderung unserer gesamten Persönlichkeit, unseres ganzen Weltbildes. All das beruht auf einer dualen Anwendung des Bewußtseins. Wird die Tafel saubergewischt, d. h. wenden wir eine nonduale Funktionsweise an, so gibt es keine persönlichen Ansichten; und das bedeutet, daß wir uns an diese Art der Bewußtseinsfunktion langsam und allmählich gewöhnen müssen.

Meditation ist gewissermaßen ein Prozeß in der Richtung von Augenblicken echter Transzendenz oder Nondualität. Nach einem solchen Augenblick wird das Bewußtsein wieder in die duale Funktion absinken. Es ist wichtig, das zu begreifen. Dann wird man sich wesentlich besser in der Meditation zurechtfinden. Und man wird wissen: wann immer man in einen Zustand sogenannter Meditation gleitet, ist man auf einem Abweg. Denn sobald man in einem Zustand ist, das heißt einer lang andauernden Gleichheit im System – das mag Ruhe sein, Zentrierung oder Frieden –, sobald das geschieht, ist es nun einmal ein Zustand und nicht Meditation. Es ist gut, das zu wissen; man vermeidet es, sich selbst zu täuschen.

Noch eines: im Westen hegen viele das Mißverständnis, daß man den Körper verlassen müsse, um zur Meditation zu gelangen. Aber man kann nicht außerhalb des Körpers meditieren. Versucht man das, so schafft man eine Dualität: hier ist der Körper, dort draußen schwebt man, und innerhalb dieser Dualität kann man dann astral oder gar hochastral reisen. So etwas – ein Samadhizustand oder eine Trance – ist gut und schön; aber das ist nun einmal keine Meditation. Ist man in einem nondualen Zustand, so läßt sich die Vorstellung von Welt, Ich und Persönlichkeit nicht aufrecht erhalten. Darum ist Meditation, in dem Sinn, wie wir ihn hier im

Westen verwenden, ein Prozeß, eine Dynamik in Richtung von Augenblicken der Transzendenz.

Betrachten wir einen schlammigen See. Gedanken, Emotionen, Gefühle, Intuitionen, Körpergefühle – all das füllt unaufhörlich den Sinn und verschlammt die ursprüngliche Klarheit. Wie wird dieses Wasser wieder klar? Rührt man es wohl um mit einem Stock? Tut man dies und das?

Nur wenn man wartet und den See sich selbst überläßt, sinkt der Schlamm zu Boden, und der See wird klar. So ist es auch mit dem Sinn: wenn man sich nicht einmischt, nur betrachtet, ohne zu wählen, ohne etwas vorzuziehen, ohne ja oder nein zu sagen; wenn man sich vollkommen widerspiegelnd verhält: dann fällt der Sinn zur Ruhe und wird durchsichtig. Und dieser Sinn ist angefüllt mit Stille und Frieden.

Meditation tritt ein, wenn sich das stille Bewußtsein aus der Stille in sich selbst wendet.

TEXT

Höheres Bewußtsein

1. Konzentration ist die andauernde Ausrichtung des Bewußtseins auf einen und denselben Gegenstand.
1.1. In der Ausrichtung der Konzentration ruht das Bewußtsein zunächst im Denken, dann im Schauen.
1.2. Konzentration sammelt und bewahrt die Energie, die das Denken in Form von Gedanken zerstreut und verbraucht.
1.3. Denken ist eine Handlung in Richtung auf Inhalt; Konzentration eine Handlung in Richtung auf Form.

2. Meditation ist die Ausrichtung des Bewußtseins auf sich selbst und auf seinen Gegenstand zu gleicher Zeit.
2.1. Gleichgewicht zwischen der Ausrichtung des Bewußtseins auf sich selbst und auf einen Gegenstand ist Stille.
2.2. Wenn die Zentrierung des Bewußtseins ihre Position im Unterschied zwischen Innen und Außen verläßt und sich in die Stille begibt, tritt Leere ein.
2.3. Meditation ist die letzte Handlung vor handlungsfreier Offenheit.

3.   Illumination ist das ungehinderte strahlen des Lichts aus dem meditativen Zentrum des Bewußtseins in dem Augenblick, da die Grenzen des Bewußtseins aufgehoben werden.

3.1. Illumination ist die Durchsichtigkeit der Persönlichkeit in sich selbst und im Kosmos.

3.2. In der Durchsichtigkeit ist der Unterschied zwischen Innen und Außen, zwischen Bewußtsein und Gegenstand, aufgehoben.

3.3. Illumination ist die Umkehr der Geburt.

4.   Höheres Bewußtsein ist der Zustand, in dem die Erfahrung der gesamten kosmischen Energie – des Göttlichen – stattfindet.

4.1. Die kosmische Energie manifestiert sich gleichzeitig als Impuls wie auch als Feld.

4.2. Ein Impuls oder ein Feld höheren Bewußtseins ist eine durchstrukturierte Harmonie von Wissen, Licht und Energie.

5.   Die Einheit des höheren oder kosmischen Bewußtseins entzieht sich der Sprache.

KOMMENTAR

1. KAPITEL

Konzentration

1. Konzentration ist die andauernde Ausrichtung des Bewußtseins auf einen und denselben Gegenstand.

1.1. In der Ausrichtung der Konzentration ruht das Bewußtsein zunächst im Denken, dann im Schauen.

1.2. Konzentration sammelt und bewahrt die Energie, die das Denken in Form von Gedanken zerstreut und verbraucht.

1.3. Denken ist eine Handlung in Richtung auf Inhalt; Konzentration eine Handlung in Richtung auf Form.

Zur Erlangung höheren Bewußtseins ist eine Bedingung erforderlich: daß das Niveau der Energie im Bewußtsein ansteigt. Mit der einem gewöhnlichen Bewußtsein zur Verfügung stehenden Energiemenge ist es ganz einfach unmöglich, eine angemessen hohe Lichtstärke zu erreichen: eine Lichtstärke, die die Sichtweite in dem Maße erweitert, daß von höherem, klarerem Bewußtsein die Rede sein kann.

Daß die Bewußtseinsenergie auf dem relativ niedrigen, allgemein bekannten Niveau verbleibt, hat seinen Grund u.a. darin, daß die dem Bewußtsein beständig neu zugeführte Energie der Biomotoren des psychophysischen Systems (Ernährung, Atmung, Sinneseindrücke, Geist) in einer langen Reihe unproduktiver Zustände und Aktivitäten entspannt und verbraucht wird.

Im physischen Energieumsatz oder Energieausdruck wird sehr viel Kraft zur Aufnahme materieller Dinge verwendet. Der Sinn dieser starken Ansammlung von Dingen um das Ich kann nicht nur die Befriedigung fundamentaler, realer physischer Bedürfnisse sein, wie Ernährung, Wohnung, Wärme etc. Es werden wesentlich mehr Dinge angesammelt als ein einzelnes Ich vermutlich je benötigte. In einem normalen Haushalt hat jede einzelne Person unzählige Dinge: 10 Messer, 500 Spielzeugklötze, 7 Hosen, 35 Nippsachen, 6 Stühle, 20 Bilder, 100 Fotos usw. Man muß daraus folgern, daß die Akkumulierung zahlloser Dinge der Befriedigung anderer Bedürfnisse dient als der rein physischer. Aber ein nicht-physisches Bedürfnis kann in einem rein physischen Energieausdruck nicht eigentlich zufriedengestellt werden.

Ein Bedürfnis kann nur auf der entsprechenden Ebene (physisch, ätherisch, astral, mental, spirituell) befriedigt werden. Sucht man beispielsweise Geborgenheit – welche ein gefühlsmäßiges Bedürfnis ist, das folglich nur auf gefühlsmäßiger (astraler) Ebene befriedigt werden kann – so wird eine rein physische Befriedigung durch bequeme, sichere Einrichtung, Geld auf dem Konto etc., immer und immer nur eine Ersatzbefriedigung bleiben. Hier wird der Versuch gemacht, ein Bedürfnis auf der verkehrten Ebene zu befriedigen, und er wird den Menschen in ein endloses Jagen nach weiteren Scheinbestätigungen der Annahme treiben, daß die Geborgenheit dort sei, wo sie eben nicht sein kann.

Energetisch gesehen ist folglich die allgemeine Tendenz, sein Leben mit physischen Dingen anzufüllen, eine Verschwendung.

Auf ätherischer Ebene finden wir den Ausdruck von sexueller Energie. Auch hier werden große Mengen von Energie in einer nicht zweckdienlichen Struktur verbraucht.

Wenn ein Mensch keine stabile sexuelle Beziehung erreichen kann, wird er unnötig viel Energie darauf verwenden müssen, sich beständig neue sexuelle Reize zu verschaffen; die Folge ist ein Maximalverbrauch an Energie im sexuellen Ausdruck.

Statt sich in einer einzelnen oder auch in wenigen tiefen befriedigenden sexuellen Beziehungen auszudrükken, wird der Mensch sozusagen in eine Sexualisierung aller möglichen Verhältnisse gewirbelt. Hierdurch werden unverhältnismäßig große Mengen an Bioenergie umgesetzt in letztlich unbefriedigte sexuelle Phantasien, Gedanken, Flirts, oberflächliche Beziehungen, Eifersucht, Frustration usw.

Auf emotionaler Ebene finden wir eine entsprechende Energieverschwendung, beziehungsweise eine entsprechende beständige energetische Spannungsabfuhr. Gewaltige Mengen an Energie werden für emotionale Probleme und emotionale Beziehungen verbraucht. Vieljährige Beobachtung von Menschen, und Stunden intensiven Anhörens von emotionalen Konflikten zwischen Menschen haben mich davon überzeugt, daß viele Menschen den Umgang mit emotionaler Energie mißbrauchen oder überziehen. Emotionen und emotionale Konflikte werden in hohem Maße als Notventil verwendet, das einen energetischen Überdruck im psychophysischen System entspannen kann.

Hat jemand keine Probleme, so muß er Bagatellen vergrößern oder ganz einfach einen Grund zur Klage erfinden, um einen Ablauf zu schaffen für interne Energiespannung in der Persönlichkeit. Es fehlt das Wissen, wozu man die überschüssige angehäufte Energie verwenden kann; und das zwingt die Persönlichkeit dazu, diese in chronischen Spannungen loszuwerden beziehungsweise sie in Emotion zu entspannen (in Zorn, Trauer, Eifersucht, Raserei, Betrübtsein, Zweifel, Angst, Schuld, Gemütlichkeit, Unterhaltung, Spiel, Witz, Spaß, emotionalem Gerede).

Schließlich wird Energie auf der mentalen Ebene in Gedanken umgesetzt. Es werden so viele überflüssige Gedanken gedacht, so viele unproduktive Worte geredet. Unter allen Notventilen gehören die Gedanken sicherlich zu den besten. Die innere Spannung im Bewußtsein – die Möglichkeit zu höherem Bewußtsein – wird durch Gedanken entspannt, und hierdurch wird das gewöhnliche Bewußtseinsniveau auf seiner energiemäßig recht flachen Intensitätshöhe gehalten.

Durch diese vier hauptsächlichen Abläufe schwindet beständig Energie aus dem System: physisch im Verlangen nach neuen überflüssigen Dingen; ätherisch in der Begierde nach neuen sexuellen Reizen; astral in neuen emotionalen Ausdrücken; mental im endlosen Strom der Gedanken. Hat das Bewußtsein ein wirklich tiefes Verständnis dieser Tatsache erreicht, so wird schon allein dieses Verständnis allmählich eine Konzentration der Energie bewirken. Konzentration ist eine Akkumulierung der Energie, die sich auf das Verständnis des Sachverhalts gründet, daß unnötiger Verbrauch und Abfuhr von Energie dem Bewußtsein die Möglichkeit des Wachstums und der Potenzierung zu höherem Bewußtsein nimmt.

Konzentration ist folglich ein natürliches Phänomen, das auf Einsicht in das Wesen der Energie und des Bewußtseins beruht.

Meditativ ist Konzentration nun allerdings direkt anwendbar als eine Aktivität, eine Technik zur Potenzierung der Energie im Bewußtsein. Diese konzentrative Technik wollen wir genauer beschreiben.

Zunächst sind einige Grundzüge des Bewußtseins festzuhalten.

Der gewöhnlichste aller bekannten Bewußtseinszustände baut auf einer Polarisierung des Subjekts gegenüber dem Objekt auf. Das Ich oder das Bewußtsein ist das Subjekt, das sich zu etwas anderem, zum Objekt, verhält. Das Objekt mag etwas Äußeres sein, etwa ein Baum, oder etwas Inneres: ein Gedanke, ein Gefühl, ein Schmerz, ein Chakrapunkt.

Der Grundzug des Bewußtseins ist nun folgender: während das Subjekt, das Ich – in all seiner Unbestimmtheit – relativ konstant erlebt wird, wird der Gegenstand der Gedanken, ihr Inhalt, beständig wechseln. Bald denkt man an dies, im nächsten Augenblick an das. Auch wenn das Bewußtsein einen Gedanken offenbar festhält, wird es sich ihm immer wieder nähern oder entfernen, von einer Seite zur anderen gehen.

In diesem beständigen Wechsel des Gegenstandes wird die mentale Energie entspannt. Sie wird im stetig wechselnden Gedankenstrom selbst verbraucht, in Stimmungen, Gefühlsbildern, Wörtern, Ahnungen, Assoziationen, logischen Gedankenketten.

Konzentration – als meditative Technik – besteht daher im Sammeln der in den Gedanken zerstreuten Energie. Dies läßt sich durchführen beispielsweise durch eine Übung des Bewußtseins im Festhalten eines einzelnen Gegenstandes unter Dämpfung oder Ausschluß der übrigen Gedankenaktivität.

Man kann etwa eine Blume, etwas, das einem lieb ist, oder einen Kristall vor sich auf den Tisch stellen. Man betrachtet nun den gewählten Gegenstand aufmerksam und wird folgendes feststellen: tut man nichts, so beginnen die Gedanken, und damit das Bewußtsein, umherzustreifen.

Konzentration versucht, die Gedanken an einem Gegenstand festzuhalten. Nur Gedanken – und das schließt Gefühle, Assoziationen, Bilder ein –, die sich mit dem gewählten Gegenstand befassen, werden zugelassen. Allen anderen Gedanken wird Energie genommen.

Dies ist das erste Stadium der Konzentration. Denkt man so über längere Zeit nur an einen einzelnen Gegenstand – anders ausgedrückt: denkt man nur einen Gedanken –, sammelt sich im Bewußtsein die Energie, die sonst darauf verwendet würde, all die üblichen ewig wechselnden Gedanken zu produzieren beziehungsweise zu denken.

Die angesammelte Energie wird im Bewußtsein größere Klarheit herstellen. Es ist nämlich so, daß alle unverwendete, nicht umgesetzte Energie im Bewußtsein als Klarheit, Wachheit, Schärfe erscheint.

Statt des allgemein bekannten Bewußtseins mit zahllosen Gedanken ergibt konzentrative Meditation ein klareres Bewußtsein mit weniger Gedanken. Wo vorher Gedanken waren, befindet sich nun die Energie, die sonst die Gedanken zu ihrer Manifestation verwenden.

Konzentration wird daher von selbst zu größerer Klarheit führen. Erscheint im Bewußtsein größere Klarheit, so wird der Eindruck des Gegenstandes in diesem auch selbst klarer werden. Man wird allmählich den Gegenstand, auf den man sich konzentriert, SEHEN, auf neue und klarere Weise.

In gleichem Maße, wie den Gedanken durch Übung langsam Energie entzogen wird, wächst die Fähigkeit des Bewußtseins zu sehen. Je weniger das Bewußtsein denkt, je mehr Gedankenenergie folglich als Klarheit im Bewußtsein festgehalten wird, desto mehr wird es sehen.

Die zweite Phase der Konzentration ist also folgende: das Bewußtsein (das Subjekt) betrachtet den einzelnen Gegenstand, statt an ihn zu denken.

Gewöhnliches Bewußtsein denkt und sieht vielerlei. Konzentration in der ersten Phase denkt und sieht nur Eines – in der zweiten Phase betrachtet sie nur noch, sie denkt nicht mehr. Stattdessen findet sich deutlich mehr Klarheit und Frische im Bewußtsein. Der Blick, mit dem ein konzentriertes Bewußtsein ohne Gedanken seinen Gegenstand sieht, ist überaus aufmerksam:

S ————⟶ O

Konzentration ist nach unserer Beschreibung eine Handlung, eine Aktivität. Später werden wir verdeutlichen, daß Meditation ein Zustand ohne Handlung ist. Konzentration ist folglich noch nicht Meditation; sie ist aber eine Handlung in Richtung auf einen meditativen Zustand der Handlungslosigkeit. Handlung in dieser Bedeutung schließt auch Denken ein. Denken ist eine Handlung. Jede Handlung erfordert Energie; das gilt folglich auch für das Denken. Handlung in unserem Sinne dieses Begriffes geht vom Ich aus. Das Ich ist es, das handelt, dies und das tut, denkt, assoziiert, fühlt usw. Das Ich ist das Subjekt aller Handlungen.

Darum wird umgekehrt eine jede solche Handlung das Ich und das mit ihm untrennbar verbundene Ich-Bewußtsein stärken und aufrechterhalten. In der Meditation findet eine Suche in Richtung auf höhere Bewußtseinszustände statt; solche Zustände sind dadurch gekennzeichnet, daß sie weiter greifen als das Ich-Bewußtsein. In der Meditation gibt es folglich keine ich-zentrierten Handlungen mehr. Man könnte sagen, daß Meditation all die Energie zusammenspart, die sonst in

Handlungen verbraucht und umgesetzt würde; Meditation bringt die fundamentale Handlung des Bewußtseins, die das Denken ist, zur Ruhe.

Konzentration ist, wie gesagt, noch eine Handlung; allerdings eine Handlung, die versucht, die Energieverschwendung zu begrenzen und aufzuheben, die durch die normalen zahlreichen Handlungen des Denkens geschieht.

Sind die gewöhnlichen Handlungen des Ich-Bewußtseins zunächst durch Konzentration gebremst und später durch Meditation zur Stille gebracht, so wird das Bewußtsein jenseits der Grenzen und der Zentrierung des Ich, über sie hinaus erweitert. In diesem Zustand gibt es keine egozentrierte oder ichbezogene Handlung und Aktivität mehr.

Was in einem solchen wirklich meditativen Zustand höheren Bewußtseins geschieht, ist daher nicht mehr Handlung in gewöhnlicher, normaler, ichmäßiger Bedeutung. Es gibt kein *Ich*, das etwas *tut*. Alles geschieht aus dem höheren Bewußtsein heraus, und es geschieht durch die Persönlichkeit, um das Ich, seinen Umfang und seine Schwerkraft herum oder jenseits davon.

Soll das Ich oder das normale Ich-Bewußtsein auf Zustände höheren Bewußtseins bezogen werden, wird folgende Aussagen zutreffen: was in höheren Bewußtseinszuständen geschieht, stößt dem eigenen Ich in eben demselben Maße zu, wie es anderen Ichs zustößt. Im Bereich der Aktivität eines höheren Bewußtseins ist das Ich ein Gegenstand, ebenso wie auch andere Menschen Gegenstand für Wirkungen sind, die von einem höheren Bewußtsein ausgehen.

In dem Maße, wie Gedanken in der Konzentration gesammelt und zur Ruhe gebracht werden, wird die daraus enstehende Klarheit den übrigen Gedankenprozeß durchleuchten. Diese Klarheit wird daher die eigene innere Struktur des Denkens entschleiern und beleuchten:

Denken wird durch Wörter und durch Bilder konstituiert. Wörter bestehen wiederum aus zwei Momenten; teils aus einem Bedeutungsmoment oder -symbol, teils aus einem Klang. Sei ein Wort nun gesprochen, gedacht oder nur in einer Ahnung berührt, es wird stets lauten und bedeuten.

Auch die Bildseite des Gedankenprozesses wird sich als aus zwei Momenten bestehend erweisen: teils – wie

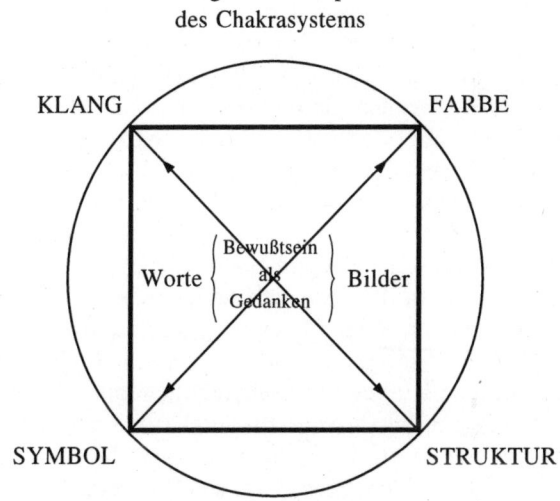

Energetischer Aspekt
des Chakrasystems

KLANG — FARBE

Worte { Bewußtsein als Gedanken } Bilder

SYMBOL — STRUKTUR

Symbolischer Aspekt
des Chakrasystems

allgemein alle Bilder – aus einer Farbe (eventuell nur der Nuancierung Schwarz/Weiß), teils aus einer Struktur.

Die Wörter und Bilder des Denkens setzen sich daher aus vier fundamentalen Momenten zusammen: Klang und Farbe, Symbol und Struktur.

Das normale Bewußtsein in seiner subjektiven und seiner objektiven Seite, d.h. die innere und die äußere Welt des Menschen, ist mit dem normalen wort-bildmäßigen Denken äquivalent. Innere und äußere Welt existieren als solche nur für das Denken. Wird das Denken in seine Bestandteile aufgelöst, oder wird es gar zum Stillstand gebracht, so werden innere und äußere Welt entsprechend verändert.

Dies bedeutet nicht, daß die normale innere und äußere Wirklichkeit nicht real wäre. Die Wirklichkeit, die subjektive wie auch die objektive, ist real. Sie ist aber nicht alles; die allgemein bekannte objektive und subjektive Wirklichkeit ist partiell.

Wenn die Klarheit des Bewußtseins durch Konzentration verstärkt wird, wird das Denken durchsichtig und trennt sich in seine Bestandteile: Klang-Farbe und Symbol-Struktur. In der so strukturierten Klarheit trifft das Bewußtsein die Welt (die innere wie die äußere) auf eine neue Weise – und auch auf dieser Stufe ist Inneres noch immer deutlich von Äußerem getrennt.

Bisher traf das Bewußtsein durch die Sinne nur eine Welt von Häusern, Menschen, Bäumen, Dingen – oder von Gefühlen, Gedanken, Lust und Schmerz. Nun *sieht* das konzentrative klare Bewußtsein darüber hinaus einen Weltaspekt von aurischen Farben, archetypischen Symbolen und yantrischen oder anderen energetischen Strukturen. Des weiteren *hört* dieses klare Bewußtsein Klänge; nicht etwa vom Gehörsinn vermittelte Klangbilder, sondern das Bewußtsein hört direkt: unvermittelte Klänge.

Das gewöhnliche Bewußtsein trifft auf eine in Inneres und Äußeres aufgeteilte Welt, die sich aus geschlossenen Dingen, Substanzen, Strukturen konstituiert. Ein gewöhnliches ich-zentriertes Bewußtsein hat, wie wir alle wissen, keinen unmittelbaren Einblick oder Zugang zum Inneren der Dinge oder anderer Menschen.

Das durch Konzentration gesammelte, weniger denkende Bewußtsein sieht in seiner hierdurch errungenen Klarheit auch eine Welt vibrierender, klangvoller Energiefelder, die in Symbolen und Farben schillern. Dieser Wirklichkeitsaspekt ist offen; ein solches Bewußtsein hat bis zu einem gewissen Grade direkten Einblick in das, was dem normalen Bewußtsein verschlossen und unzugänglich bleibt.

Meditative Übung durch Konzentration ist ein langwieriger Prozeß. Soll er glücken, so setzt er Arbeit an der gesamten Persönlichkeit voraus. Der vorliegende Kommentar wird sich mit dieser Selbsterkenntnis- und Ausgleichsarbeit (am Schatten, den Emotionen, den Chakren, dem Körper, der Sexualität) nicht weiter befassen; nicht weil das nicht wesentlich wäre, sondern weil andere Bücher diese Dinge genauer beschreiben; und der vorliegende Text befaßt sich eben mit dem bewußtseinsumwandelnden Prozeß bis hin zu Zuständen entschieden höheren Bewußtseins.

In der Konzentration richtet sich das Bewußtsein auf einen einzigen äußeren oder inneren Gegenstand: auf eine Blume, etwas, das einem lieb ist, auf einen Kristall. Oder das Bewußtsein sieht mit geschlossenen Augen ein Chakra, ein Symbol, es hört ein Mantra, fühlt Gott.

In dieser Handlung, die vom Inhalt des Bewußtseins, von Gedanken und Dingen wegführt, wird die Aufmerksamkeit auf die Form des Bewußtseins gelenkt. Energie, die sonst zur Bildung von Gedanken verwendet wird, und Energie, die sonst in den Bildern der Wirklichkeit gebunden ist, wird freigegeben und erschafft im Gegenzug höhere Bewußtseinsklarheit.

2. KAPITEL

2. Meditation ist die Ausrichtung des Bewußtseins auf sich selbst und auf seinen Gegenstand zu gleicher Zeit.
2.1. Gleichgewicht zwischen der Ausrichtung des Bewußtseins auf sich selbst und auf einen Gegenstand ist Stille.
2.2. Wenn die Zentrierung des Bewußtseins ihre Position im Unterschied zwischen Innen und Außen verläßt und sich in die Stille begibt, tritt Leere ein.
2.3. Meditation ist die letzte Handlung vor handlungsfreier Offenheit.

Meditation

In der Konzentration richtet sich das Bewußtsein dauerhaft auf ein und denselben Gegenstand. Dieser mag sich außerhalb befinden, und die Augen sind offen; oder aber der Gegenstand ist ein innerer, und die Augen sind geschlossen. Eine solche dauerhafte Ausrichtung der Aufmerksamkeit wird Energie in den gewählten Gegenstand lenken. Erfahrung zeigt, daß auf die Dauer kein Objekt alle die durch Konzentration freigegebene und in es investierte Energie aufnehmen kann. Selbst wenn das Objekt Gott sein sollte, wird die Tatsache, daß Gott als Objekt gesetzt ist, ihn begrenzen. Was für ein unendlich weites Objekt, wie zum Beispiel das Göttliche, gilt, wird entsprechend für alle anderen Gegenstände Geltung haben. Als Gegenstand gesetzt zu sein, bedeutet, begrenzt zu sein. Ein Objekt ist eine genaue Entsprechung zu einem Subjekt, beide sind sie begrenzt; nicht nur, weil sie jedes für sich die Welt in Hälften aufteilen – allein die Tatsache, daß sie aufteilen, zeigt, daß beide, Subjekt und Objekt, auf einer sehr eingegrenzten Anwendung der gesamten Bewußtseinskapazität beruhen. Nur in der gewöhnlichen, der Ich-ausgerichteten Modifikation des Bewußtseins kann seine aufteilende, kategorisierende Funktion Verwendung finden. Wie schon die Tiefenpsychologie nachgewiesen hat, macht aber das allgemein bekannte Bewußtsein nur einen Bruchteil des gesamten Bewußtseinsumfangs aus.

Ein Objekt konzentrativer Energie kann diese folglich nur bis zu einem gewissen Grade aufnehmen. Was geschieht nun, wenn diese Grenze überschritten wird, wenn das Bewußtsein auch dann noch Energie auf ein Objekt richtet, wenn dieses keine weitere Energie mehr aufnehmen kann?

Wenn die konzentrative, ruhige Betrachtung eines einzigen Gegenstandes in der Weise beibehalten wird, daß der überzähligen Energie keine Möglichkeit gegeben wird, zu anderen Objekten zu wandern, so wird diese Energie sich in das schauende Subjekt zurückwenden. Unter der Voraussetzung, daß die konzentrierte Betrachtung dieses einzigen Gegenstandes festgehalten wird, ist diese Richtung vom Objekt zum Subjekt die einzige der Energie mögliche Bewegung. Hierdurch wird der Gegenstand allmählich so leuchtend und mit Energie angefüllt, daß er, ohne sich selbst zu verlieren, nicht mehr Energie zu fassen vermag; soll der Gegenstand als solcher verbleiben, muß sich die Energie folglich von selbst in den sehenden Teil des Bewußtseins zurückwenden:

$$S \rightleftarrows O$$

Hierdurch entsteht ein energetisches Gleichgewicht zwischen dem auswärts und dem einwärts gerichteten Aspekt des Bewußtseins. Es beginnt sich selbst zu sehen.

Unsere Aussage ist: Das Objekt kann keine weitere Energie aufnehmen; folglich fließt diese in ihre Quelle zurück. Was will das nun genauer besagen?

Daß der Gegenstand der Konzentration keine weitere durch das fortdauernde Schauen des Bewußtseins überführte Energie aufnehmen kann, bedeutet, daß das gewöhnliche, das unterscheidende Bewußtsein seine Grenze erreicht hat. Die Energieakkumulation steigt im konzentrativen Bewußtsein an, weil den Gedanken kein Verbrauch, keine Entspannung der immer noch von den Biomotoren zugeführten Energie gestattet wird. Je mehr das Intensitäts- oder Energieniveau im gewöhnlichen Bewußtsein ansteigt, desto weniger wird dieses imstande sein, diese wachsende Menge an Energie zu verwalten oder zu gebrauchen. Eben die Gegenwart von Gedanken als Entspannungsphänomen ist Bedingung für die Funktion des gewöhnlichen unterscheidenden Bewußtseins. Ohne Gedanken kann das Bewußtsein keine Gegenstände erzeugen und auf solche Weise die ihm innewohnende Energiespannung herabsetzen. Wird die Konzentration auf einen einzigen Gegenstand oder Gedanken festgehalten, so wird das Bewußtsein daher die Grenze seiner Existenz als gewöhnliches Bewußtsein erreichen. Die Potenzierung der Energie zwingt oder verführt des gewöhnliche Bewußtsein über sich selbst hinaus in eine höhere Funktionsweise. Ist sein Objekt so von Energie angefüllt, daß es weitere nicht mehr aufnehmen kann, so wechselt das Bewußtsein die Gangart. Dieser Punkt ist die Grenze des gewöhnlichen Bewußtseins; jenseits dessen ändert es seine Qualität, es geht in den meditativen Zustand über.

In diesem meditativen Zustand richtet sich das Bewußtsein nicht nur auf Objekte, sondern gleichzeitig und in gleichem Maße auf sich selber. In der Meditation ist das Bewußtsein daher nicht nur *entweder* wesentlich mit der Umwelt beschäftigt *oder* wesentlich auf sich selbst gerichtet: hier richtet sich das Bewußtsein in einem ausgeglichenen Zustand gleichzeitig nach außen und nach innen.

Das gewöhnliche ich-zentrierte Bewußtsein hat zwei Eigenschaften. Die erste ist, daß es sich ständig bewegt; in seinem ruhelosen Wandern wechselt es die Objekte. An dieser Eigenschaft wird durch Konzentration gearbeitet; hier wird das Bewußtsein darin geübt, einen einzigen Gegenstand festzuhalten und sich um ihn zu sammeln, ohne zu neuen Gegenständen abzuwandern.

Die andere Grundeigenschaft des gewöhnlichen ich-zentrierten Bewußtseins ist, daß es sich in seinen Gegenstand verliert. Dies bedeutet nicht, daß die Subjektseite eliminiert wäre; wohl aber bedeutet es, daß das gewöhnliche Bewußtsein mit seinem Gegenstand eins ist, daß es sich selbst in seiner Unterschiedlichkeit zum Gegenstand vergessen hat. Beispielsweise wird ein gewöhnliches Bewußtsein, welches diese Zeilen liest, sich nicht gleichzeitig auf sich selbst richten in einem Erinnern oder Wissen seiner selbst als lesendes, sehendes, erkennendes Subjekt. Das Bewußtsein wird von seinen Gegenständen, seinen Inhalten angefüllt sein.

Sieht man einen grünen Baum in frischem Laub, so

wird man von diesem Anblick gepackt sein und nicht zu gleicher Zeit an den eigenen Körper, das Zentrum, die rätselhafte Quelle des eigenen Bewußtseins denken.

Sei das Bewußtsein nun von äußeren Eindrücken (Autos, Blumen, Klänge, Düfte) angefüllt oder richte es sich auf innere Inhalte (Gedanken, Erinnerungen, Stimmungen, Lust, Schmerz, ein Chakrapunkt), immer wird es in hohem Maße eins sein mit seinem Gegenstand, in seinen Inhalt verloren; identisch mit dem, dessen es sich bewußt ist.

Dieses ist das allgemeine Bewußtsein.

Mit der Meditation verhält es sich entgegengesetzt: sie ist des Subjektes wie des Objektes zu gleicher Zeit eingedenk.

Das Bewußtsein, das sich auf das grüne Laub des Baumes richtet, wendet sich zugleich auf das sehende Subjekt: während des Sehens wird der Betrachter sich seiner selbst bewußt.

Wendet sich das Bewußtsein einer Stimmung oder einem Chakra zu, so wird es sich gleichzeitig zu demjenigen verhalten, der die Stimmung empfindet; es wird sich erinnern, daß es eine Instanz gibt, die den Chakrapunkt sieht oder registriert.

Das auf solche Weise erzeugte doppeltgerichtete Bewußtsein ist nun eben der meditative Zustand.

Diesen Zustand hat man als den des Zeugen bezeichnet. Will sagen: nicht mit dem eben jetzt Gesehenen, Erlebten, Getanen, Gedachten identisch zu sein; sondern sich gleichzeitig dessen bewußt zu sein, daß man eben jetzt sieht, erlebt, tut, denkt. Man ist Zeuge davon, daß das stattfindet, was stattfindet. Zeuge sein bedeutet: des Subjektes eingedenk zu sein, während man sich dem Objekt zuwendet.

Jedermann vermag, wenn er aufmerksam ist, augenblicksweise am Zustand des Zeugen festzuhalten. Alle können eben augenblicksweise ihr Bewußtsein ändern und für sehr kurze Zeit dessen bewußt sein, was sie tun, während sie es tun. Das ist eine einfache Kunst.

Die Schwierigkeit liegt nun aber darin, den Zustand des Zeugen – oder das doppeltgerichtete, sich selbst spiegelnde Bewußtsein – über längere Zeiträume zu halten. Will man nämlich diese Bewußtseinsform festhalten und bewahren, so erfordert das viel Energie.

Um diese Aufgabe zu erleichtern, übte man in den klassischen Meditationstechniken einen Fixpunkt im Subjekt ein, auf den man den Zustand des Zeugen gründen konnte. Ein solcher Punkt mag ein Chakra sein (z.B. Hara, Herz, Pineal), das Atmen, ein Mantra, ein Symbol. In diesem Fall verwendet man den eingeübten Fixpunkt als Stütze für die nach innen gewandte Richtung im Bewußtsein, während man sich in der äußeren Welt umherbewegt und damit beschäftigt ist, sie zu sehen und in ihr zu genießen oder zu handeln.

Es versteht sich, daß ein solcher innerer Punkt (der Herzschlag, die Zentrumslinie, ein Chakra, ein Mantra) nicht unmittelbar hilft, wenn die Augen geschlossen sind und das Bewußtsein sich unwillkürlich nach innen richtet. In einem solchen Fall besteht der Zustand des Zeugen oder die zwiefache Richtung nämlich darin, daß man sich von der Identität mit diesem Punkt zurückzieht und sich bewußt ist, daß es jemanden gibt, der diesen inneren Punkt sieht oder registriert.

Ist man während des Abwaschens auf das Harachakra aufmerksam, so verhält man sich zunächst quasi meditativ. Weiß man in der Folge während des Abwaschens, daß man abwäscht, so ist man ohne Sprache auf «den, der abwäscht» aufmerksam.

Wenn man die Augen schließt und das Hara fühlt, so

befindet man sich nicht mehr in der Meditation. Wenn man dagegen mit geschlossenen Augen und einem im Hara ruhenden Bewußtsein zugleich davon weiß, daß man dies tut, so findet man sich in einem meditativen Zustand.

Das doppeltgerichtete meditative Bewußtsein ist non-verbal. Man sagt nicht: «Jetzt esse ich», während man ißt. Das wäre Energieverschwendung. Man weiß – non-verbal –, daß man ißt, während man ißt. Und diese Selbstspiegelung des Bewußtseins erhöht die aufmerksame Gegenwart und Intensität während des Essens. Das gewöhnliche Bewußtsein beschäftigt sich gleichzeitig mit vielen Dingen, weil es beständig wandert. Eben während man ißt, spricht man (und nicht einmal über das Essen), man hört Musik, und man denkt.

Der allgemein bekannte Bewußtseinszustand besteht darin, gleichzeitig an mehreren Orten zu sein, von diesem und jenem eingenommen, an eines denkend, etwas anderes tuend, von etwas drittem redend. Das ist antimeditativ, es ist Zerstreuung, Abwesenheit.

Meditation bedeutet eine Sammlung auf das, was man tut, nur jeweils Eines zu tun und obendrein nicht gleichzeitig unnötige und ferne Gedanken zu denken, sondern stattdessen mit Klarheit das zu spiegeln, was einen eben beschäftigt, so daß man sich nicht mit dem, was man tut, identifiziert.

Um das doppeltgerichtete Bewußtsein festzuhalten, hat man sich damit geholfen, einen Fixpunkt im Subjekt einzuüben.

Dies reicht aber nicht aus; denn es erfordert Energie im Bewußtsein, die Selbstspiegelung des Zeugen zu bewahren und aufrecht zu erhalten.

Es erfordert mehr Klarheit und weniger Gedanken, mit dem Bewußtsein in zwei Richtungen gleichzeitig zu wirken statt, wie üblich, nur in einer Richtung.

Daher gilt es, die meditative Position einzuüben. Dies wird durch Konzentration vorbereitet; hierdurch wird Energie freigesetzt und im Bewußtsein akkumuliert.

Dieser Prozeß wird durch meditative Übung fortgesetzt; sie besteht darin, sich täglich für eine Periode niederzusetzen und die zweifache Richtung einzuüben:

Man wähle zunächst ein äußeres Objekt: eine Blume, etwas, das einem lieb ist, einen Kristall. Während man diesen Gegenstand betrachtet – ohne zu denken –, ist man auf das sehende Subjekt aufmerksam, man richtet sein Bewußtsein nach innen, in die Subjektivität, auf seine Quelle. Dies bedeutet soviel wie: während man ein Objekt sieht, gleichzeitig – ohne zu denken – zu wissen, daß man das Objekt sieht.

Man mag sich zu Beginn damit helfen, daß man sich den erwählten Gegenstand im Pinealpunkt, dem Herzen oder dergleichen vorstellt, während man – ohne zu denken – den faktischen Gegenstand betrachtet. Hier verhält man sich wiederum quasi meditativ. Beobachter ist nicht etwa das Pinealchakra, das Auge oder das Gehirn; der Beobachter, die eigentliche Richtung nach innen in die Subjektivität, hat keine Basis, keine Wurzel, keinen Aufenthaltsort!

Hierdurch wird das Bewußtsein darin geübt, sich gleichzeitig nach innen wie nach außen zu richten. Hat man diesen Kunstgriff im Bewußtsein eingeübt –; fühlt man ohne Schwierigkeit oder Anstrengung über längere Perioden ein Gleichgewicht zwischen der auswärts gerichteten Energie (dem Betrachten des Objekts) und der einwärts gerichteten Energie (dem «Anschauen» des Objektes im Pineal, oder der Erinnerung daran, daß man während des Anschauungsprozesses den äußeren Gegenstand betrachtet); in diesem Falle ist man bereit, den nächsten Schritt zu tun und die gleiche Position mit geschlossenen Augen einzuüben.

Man wählt einen inneren Punkt (einen einzelnen Gedanken, einen Chakrapunkt, den Atem, ein Symbol). Während man nun seine Aufmerksamkeit auf diesen subtileren Gegenstand richtet (die auswärtige Richtung), richte man sie gleichzeitig auf den, der diesen subtileren Gegenstand sieht oder registriert (die einwärts gewandte Richtung).

Wie sich erweisen wird, ist dies wesentlich schwieriger als die Arbeit mit offenen Augen und einem tatsächlichen äußeren Gegenstand.

Daher empfiehlt es sich, einige Jahre lang Konzentration und meditativen Ausgleich im Verhältnis zu einem äußeren Gegenstand zu üben, bevor man sich an die Meditation mit geschlossenen Augen wagt. Wie wir sahen, gibt es einen Grenzpunkt, an dem Konzentration automatisch in Meditation übergleitet: Ist die Investierung an Energie in einen Gegenstand so weit angestiegen, daß dieser sie nicht mehr assimilieren kann, so wird sie von selbst in die Subjektivität übergehen. Im Gegensatz zur Konzentration, die eine Aktivität, eine Ich-gesteuerte Handlung ist, ist Meditation – wenn dieser Zustand natürlich geworden ist – folglich keine eigentliche Handlung. Doch ist es wie gesagt möglich, das meditative Gleichgewicht zwischen Einwärts- und Auswärtsgerichtetsein einzuüben. Es versteht sich, daß ein solches meditatives Üben eine weitere Handlung ist – allerdings eine Handlung ohne die Anstrengung, die sich mit der Vorübung der Konzentration verbindet.

Es ist wichtig zu verstehen, daß der Prozeß von der Konzentration zur Meditation, der sich auf wenigen Seiten erklären und beschreiben läßt, in der Praxis mehrere

Jahre benötigen wird. Unterwegs wird es daher viele Zwischenzustände und Nuancen zwischen konzentrativer Handlung und meditativem handlungslosem Gleichgewicht geben.

Ein entscheidender Zwischenzustand ist die Phase, während der die Gedanken, die auf der Anfangsstufe der Meditation immer noch auftreten, mehr und mehr archetypisch, unpersönlich oder kollektiv werden.

Wie wir bereits sahen, wird die Klarheit des Bewußtseins – die dem Verschwinden von Gedanken proportional ist – schon in der konzentrativen Handlung eine Durchleuchtung der Gedanken selbst bewirken; und hierdurch werden ihre Komponenten – Klang, Symbol, Farbe, Struktur – sichtbar und werden sich Geltung im Bild der Wirklichkeit verschaffen. Unter dem meditativen Prozeß wird man zunächst die persönlichen Gedanken (Gefühle, Assoziationen, Erinnerungen, Stimmungen) auflösen. Die Energie, die sonst die Geschichte einer Person mit ihren Unmengen an Details aufrechterhält, diese Energie wird frei gehalten, sie schwebt in reiner Unverbrauchtheit und führt dem Bewußtsein Klarheit und Intensität zu. Das Bewußtsein wird sich mit aufmerksamer, wacher Klarheit füllen statt mit zahllosen Gedanken über Mich und das Meine.

Es versteht sich, daß Gedanken und Energieformen persönlicher Natur leichter aufzulösen sind als solche kollektiver Natur. In dem Gedanken «Was essen wir heute mittag» ist weniger Eigenleben enthalten als in dem Gedanken «Warum mochte meine Mutter mich nicht». Und «Warum mag mich keiner» kommt mit weniger aus als ein Archetyp wie zum Beispiel der «Schatten», die «Anima», der «Animus» oder der «Weise Alte».

Daher sind es die persönlichen Gedanken und Inhalte, die sich als erste im meditativen Prozeß auflösen.

Gleichzeitig wird das Bewußtsein allmählich die archetypischen Strukturen und Bilder zu sehen beginnen, die es festhalten. Die aus der Verflüchtigung der Gedanken und Inhalte resultierende Klarheit wird das Bewußtsein in Richtung jener Grenzen erweitern, hinter denen sich die kollektiven Strukturen befinden.

Normalerweise lassen sich die Grenzen des Bewußtseins nicht überschreiten.

Wir wollen dies genauer verstehen. Unsere Erinnerung des eigenen persönlichen Lebens ist von einer deutlichen Grenze umgeben. Versuchen wir uns die frühesten Erinnerungen zurückzurufen, so gelingt das ziemlich kontinuierlich bis zu wichtigen Begebenheiten zwischen dem dritten und dem fünften Lebensjahr. Die ersten ungeheuer intensiven und wesentlichen Lebensjahre sind aus dem Bewußtsein gelöscht. Diese Grenze des Gedächtnisses ist eine allen bekannte allgemeine Grenze des Bewußtseins.

Eine weitere zeigt sich im Bereich der Träume. Wir sind nicht imstande, aus freier Wahl unser Bewußtsein für Träume zu öffnen. Will das normale ich-zentrierte Bewußtsein die Träume erreichen, so erfordert das, daß es erst einmal in Schlaf fällt. Der Traumprozeß ist zwar eine durchgehende Struktur, die parallel zum, ja direkt neben dem gewöhnlichen Bewußtsein verläuft; und dennoch vermag dieses nicht die Grenze zu den Träumen, der astralen Dimension, zu überschreiten.

Eine dritte Grenze ist die Angst. Sie bezeichnet die Grenze des Ichs. Jenseits der Angst findet sich eine ich-geschwächte oder geradezu ich-lose Funktion des Bewußtseins. Erweitert sich das gewöhnliche Bewußtsein, kommt es der ich-losen, der identitätslosen Dimension näher, so zieht es sich in Angst zusammen und bewahrt dadurch das ich-zentrierte bekannte Weltbild.

Die im Bewußtsein befindliche Intensität enthält die vierte Grenze. Der Gehalt an Intensität, den ein normales Bewußtsein zu assimilieren vermag, ist scharf umgrenzt. Steigt die Intensität darüber hinaus an, so kann das Bewußtsein in chaotische Stimmungen geraten und geht über in Manie, Psychose, Inflation oder ähnliches. Im allgemeinen versucht das Bewußtsein, hochgradige Intensität zu vermeiden, indem es die Tätigkeit der Gedanken verstärkt; hierdurch entspannt und verbraucht es die ansteigende Energie.

Eine fünfte und letzte Grenze des Bewußtseins ist zu erwähnen: das Maß, in dem wir die körperlichen Prozesse sehen und fühlen können. Ein jeder empfindet und registriert seinen Atem. Die meisten können nach etwas Übung ihren Herzschlag von innen fühlen. Hier aber, beim Kontakt mit dem Herzschlag, findet sich im allgemeinen die Grenze für die Reichweite des Bewußtseins nach innen in die körperlichen Prozesse hinein. Der Klang der Aorta, das Rauschen und Brausen der Blutadern, die Farben und Vibrationen der Nervenbahnen, Ekstase und Schmerz des Verdauungsprozesses – all das liegt normalerweise jenseits des Bewußtseins.

Wird durch meditative Freigabe der sonst in persönlichen Gedanken gebundenen Energie deren Niveau – ihre Lichtstärke – im Bewußtsein angehoben, so wird dieses sich von selbst über die fünf genannten Grenzen hinaus erweitern. Das meditativ geschärfte Bewußtsein wird allmählich direkte Fühlung aufnehmen mit den Begebenheiten der Geburt, mit Begebenheiten jenseits der Grenzen des Gedächtnisses und, noch weiter, mit Ahnungen früherer Leben. Das meditativ erweiterte Bewußtsein wird die Träume Seite an Seite mit dem wachen Aspekt der Wirklichkeit wahrnehmen.

Die Struktur des Ichs wird in Erlebnissen wie Ichlosigkeit, des Ichtodes, kollektiver Identität usw. transzendiert.

In meditativer Ekstase (die alten christlichen Mystiker nannten sie «Iubilatio») wird die gewöhnliche Intensitätsgrenze überschritten. Und schließlich wird in Erlebnissen weit jenseits des Herzschlages und des Atmens die fünfte Grenze, die des Körperbewußtseins, überschritten.

Diese fünf Grenzen bestehen zur Sicherung des Ichs und der Existenz des gewöhnlichen Bewußtseins.

Daher hat die Existenz dieser Grenzen einen tiefen Sinn. Werden sie ohne weiteres überschritten, zum Beispiel durch LSD, durch einseitige Techniken der persönlichen Entwicklung oder durch Schockeinwirkungen, so wird das Bewußtsein sein Gleichgewicht verlieren und darunter leiden.

Der meditative Prozeß ist ein langsamer und organischer Weg des Wachstums; Schritt für Schritt, Tag um Tag, Jahr um Jahr wird konzentrative und später meditative Übung das Bewußtsein und die Persönlichkeit reinigen, das Niveau der Energie im Bewußtsein anheben und dieses allmählich über die gewöhnlichen Grenzen hinaus erweitern. Langsam. Nach geduldigem Aushalten, Jahr um Jahr. Zunächst durch Konzentration, als ausschließliche und willensbestimmte Handlung. Danach durch Meditation, als einschließlicher, öffnender Prozeß der Entspannung in Richtung auf Handlungslosigkeit.

Es ist nicht besonders schwierig zu verstehen, was Meditation ist. Wie wir in unserem grundlegendem Text nachgewiesen haben, läßt sich der gesamte meditative Weg vom gewöhnlichen Bewußtsein bis zu dauerhaften Stadien höheren Bewußtseins auf zwei Buchseiten beschreiben. Die Schwierigkeit ist existentieller Art, d. h. sie liegt darin, den Weg in der Praxis zu gehen. Sie besteht darin, Tag um Tag und Jahr um Jahr auszuhalten.

Richtet sich das Bewußtsein nun also gleichzeitig auf sich selbst und auf seinen Gegenstand, so tritt Meditation ein. Das Energieniveau steigt an. Das Bewußtsein wird erweitert; und hierdurch werden kollektive Strukturen sichtbar.

Auf dieser Stufe des meditativen Prozesses erscheinen Bilder archetypischen oder visionären Charakters.

Die Gedanken werden weniger persönlich, gemeinschaftlicher, kollektiver, tiefer. Und diese gemeinschaftlichen tiefen Gedanken der Menschheit vermag das Bewußtsein kraft seiner größeren Klarheit als Vision zu erblicken, als Urbilder, religiöse Bilder, Symbole, weise Berater, höhere Welten oder andere Dimensionen.

Es ist wichtig zu verstehen, daß dies nicht das Ziel der Meditation ist. Das Bewußtsein hält sich gerne bei diesen Gesichten und Visionen auf. Durch solche astrale Bilder und Symbole erhält die Persönlichkeit Informationen. Und es versteht sich, daß diese nützlich sind. Sie teilen mit, was sich in den Tiefen der Persönlichkeit rührt, was von außen (von anderen Menschen, dem Zufall, dem Schicksal, dem Leben) auf den Menschen zukommt. Dank dieser Mitteilungen kann der meditative Prozeß ausgeglichen werden; sein Ziel ist hierdurch aber nicht erreicht.

Dieses Ziel ist zunächst Illumination; später dann permanente Transparenz.

Tiefer Schlaf ist prädual. Allgemeines Bewußtsein, Konzentration, Meditation ist duales Bewußtsein. Illumination ist transdual.

Bei den kollektiven Tiefenstrukturen, die dem meditativ erweiterten Bewußtsein direkt und einfach sichtbar werden, handelt es sich um folgende:

Die Wurzeln des Bewußtseins bestehen aus dem kollektiven Unbewußten, Alayavijñana (dem «gemeinmenschlichen Lagerbewußtsein», vgl. «Lankavatarasutra»), das vier grundlegende Teilaspekte hat: den männlichen Energieaspekt (Vater, Sonne, Autoritäten, Geist, Götter, sexuelle Aggressivität) und den weiblichen (Mutter, Mond, Silber, Materie, Göttinnen, sexuelle Rezeptivität), deren jeder einen positiven und einen negativen Aspekt aufweist. Auf dieser Stufe der Meditation wird das Wechselspiel zwischen Bewußtem und kollektivem Unbewußtem daher ein mandalaförmiges Energiefeld schaffen, dessen Zentrum von einem Symbol höheren Bewußtseins repräsentiert wird; die vier Kardinalpunkte werden von jeweils positiven und negativen männlichen und weiblichen Urbildern repräsentiert. Das mag folgendermaßen aussehen:

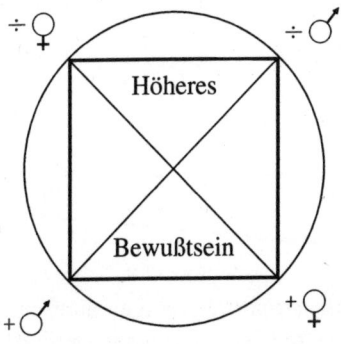

Auf höheren meditativen Stufen , wo die Scheidung in positiv und negativ wie auch in männlich und weiblich sich aufzuheben beginnt, wird dieses Grundmandala ein Aussehen annehmen, das wir aus dem Christentum wie auch aus Buddhismus und Hinduismus kennen. Beispielsweise:

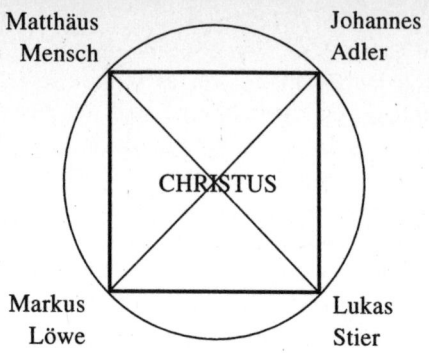

Matthäus / Mensch — Johannes / Adler — Markus / Löwe — Lukas / Stier — CHRISTUS

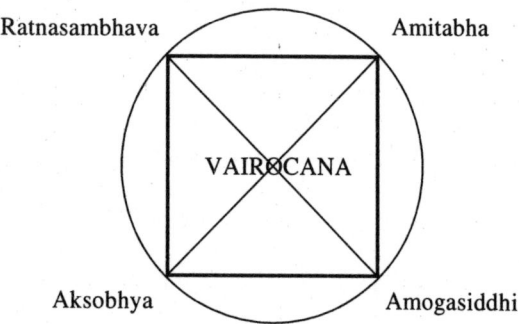

Ratnasambhava — Amitabha — Aksobhya — Amogasiddhi — VAIROCANA

Solche Mandalastrukturen werden sich, möglicherweise als rein yantrische Schemata, dem meditativen Bewußtsein in der Form von Bildern, Gefühlen oder vibrierenden Energiefeldern zeigen.

Das im Zentrum befindliche Symbol höheren Bewußtseins entspricht dem durch Konzentration und Meditation potenzierten Bewußtsein; die vier Grundaspekte der Kardinalpunkte entsprechen dem, was das erweiterte Bewußtsein in der astralen, kollektiv unbewußten Dimension antrifft oder direkt sieht.

Die beschriebenen Mandalafelder auf dieser Stufe des meditativen Entfaltungsprozesses sind *reale* Erlebnisse und nicht etwa symbolische Hilfsvorstellungen oder traumartige Phantasien.

«Danach schaute ich, und siehe, eine Tür war aufgetan im Himmel, und die erste Stimme, die ich mit mir hatte reden hören gleich einer Posaune, sprach: «Steige da herauf, und ich werde dir zeigen, was zu geschehen hat hernach.»

Sogleich wurde ich im Geiste entrückt, und siehe, ein Thron stand im Himmel, und auf dem Thron saß einer.

Und der darauf saß, war wie Jaspis- und Sardisstein anzusehen, und ein farbenreicher Strahlenbogen war rings um den Thron, anzusehen wie Smaragd.

Und im Umkreis des Thrones waren vierundzwanzig Throne, und auf den Thronen saßen vierundzwanzig Älteste, angetan mit weißen Kleidern, und auf ihren Häuptern saßen goldene Kränze.

Vom Thron gehen Blitze aus und Stimmen und Donner, und sieben Feuerfackeln brennen vor dem Thron, das sind die sieben Geister Gottes.

Vor dem Throne ist es wie ein gläsernes Meer, gleich einem Kristall, und in der Mitte vor dem Thron und rings um den Thron sind vier Wesen, voller Augen vorne und hinten.

Das erste Wesen ist gleich einem Löwen, das zweite Wesen gleich einem Stier, das dritte Wesen hat ein Gesicht wie das eines Menschen, und das vierte Wesen ist gleich einem fliegenden Adler.

Und von den vier Wesen hat jedes sechs Flügel, und

ringsum und inwendig sind sie voller Augen. Ohne Unterlass rufen sie Tag und Nacht: «Heilig, heilig, heilig ist der Herr, Gott der Allherrscher, der war und der ist und der kommt.»

Offenbarung des Johannes 4, 1-8

Stille und Leere

Das Gleichgewicht zwischen der Richtung des Bewußtseins in sich selbst und nach außen ist Stille. Dieses Gleichgewicht tritt ein, wenn sich das Bewußtsein aus der Identifikation mit Gedanken und Handlungen zurückzieht. Es entzieht sich den Spielen der Projektion und ruht in einem stillen beobachtenden Spiegeln der verschiedenen Gedanken und Phänomene. Das gewaltige Chaos der Gedanken und Gefühle, das Drama des ständigen Selbstverlustes durch emotionales Urteilen und durch Anteilnahme, das Versinken in Illusionen und Träume des Verliebtseins, all diese Turbulenz kommt zur Ruhe in Zuständen meditativen Gleichgewichts zwischen außen und innen, zwischen Subjekt und Objekt.

Die durch Konzentration und Meditation erarbeitete Klarheit und Stille ist ein Reflex höheren Bewußtseins, ein Stadium auf dem Weg dorthin. In der Stille ensteht ein Zentrum, eine ruhige Mitte; von dieser Mitte aus werden jetzt Bewegungen zwischen den grundlegenden Aspekten der Psyche sichtbar.

Aus der Mitte dieser Stille heraus werden Projektionen entdeckt, bevor sie die Persönlichkeit in eine blinde Verwicklung in die Begebenheiten ziehen können. Zunächst werden die Projektionen registriert, noch während sie im Unbewußten vorgeformt werden; später dann erkennt das zur Stille gekommene Bewußtsein die

Energien, die sich projizieren wollen, noch bevor sie soviel Sammlung und Bewegungsmoment erreicht haben, daß sie in aktuelle Projektionen übergehen könnten.

Das Gleichgewicht der meditativen Stille fühlt, wann ein psychologisches Extrem Energie sammelt, um sich auszuleben. Noch bevor das Ungleichgewicht des Zornes genug Gewicht zu einem Ausbruch gesammelt hat, weiß die meditative Stille Bescheid und richtet das Gleichgewicht wieder auf, indem sie das Außen des Zorns mit dem Innen der Selbsterkenntnis ausgleicht.

Wenn Unbewußtheit um den inneren gegengeschlechtlichen Energiepol wächst und dieser Pol, um sich Aufmerksamkeit zu verschaffen, den Bogen spannt, um den Pfeil des Verliebtseins auszusenden und so das Bewußtsein von außen anzurufen, so wird dies in der meditativen Stille empfunden: noch ehe der unbewußte Automatismus der Projektion in Funktion tritt, öffnet sich das Bewußtsein für die gegengeschlechtlichen Energien in Form von Bildern oder von aurischen Wahrnehmungen der verdunkelten oder verborgenen Energieströme.

Meditative Stille versteht den Mechanismus der Projektion und ihre Botschaft. In jeder Energieprojektion liegt eine Mitteilung. Ein Teilaspekt der Persönlichkeit, dem es an Licht und Aufmerksamkeit fehlt, leidet. Um dieses Unbewußtsein und den hieraus folgenden Mangel an Gleichgewicht im System auszugleichen, greift die Persönlichkeit in ihren selbstregulierenden Tiefen zum Mechanismus der Projektion; hierdurch wird ihr unterbeleuchtetes und vielleicht vernachlässigtes Teilstück hinausgeworfen in der Form von Bildern, Schatten, Verliebtsein, anderen zuerkannter Weisheit etc. In der Projektion wird das unbewußte Stück der Persönlichkeit irgendeiner äußeren Instanz zugeschrieben; und von hier aus leuchtet es nun ins Bewußtsein zurück. Eine projizierte Energie befand sich zunächst im Dunkel, und das Bewußtsein konnte oder wollte diese Energie nicht sehen. Projektion wirft sie in die Welt hinaus, und das Ich stolpert über die Schnur, durch die das projizierte Teilstück mit dem unbewußten Inneren der Persönlichkeit zusammenhängt.

Auf diese Weise entdeckt das Bewußtsein – oft recht unsanft –, daß etwas im Dunkeln lag, etwas, das nun deutlich am Anderen gesehen wird, wo es sich festgesetzt hat. Und dadurch ist das Ich unfreiwillig, unbewußt mit dem anderen in einem ewigen projektiven Spiel verklammert (der andere trägt meinen Geiz; oder: ich bin in den anderen verliebt; oder: der andere ist weise.

Wenn durch Konzentration und Meditation die Klarheit im Bewußtsein ansteigt, so erweitert sein Umfang sich über seine fünf natürlichen Grenzen hinaus, und es erleuchtet nun direkt die unbewußten verborgenen Seiten der Persönlichkeit. Hier, im Dunkel, in den Tiefen, bereiten Projektionen sich vor. Langsam wachsen Spannungen im Unbewußten. Die meditative Stille aber lernt, auf die schwachen Rührungen im Unbewußten zu hören; sie sieht mehr und mehr, je mehr Licht sich im Bewußtsein ansammelt. Und da der Sinn einer Projektion darin besteht, das unbewußte Stück der Persönlichkeit ans Licht zu bringen, so ist diese Projektion für die Selbstregulierung der Persönlichkeit nicht mehr nötig, wenn das meditative Bewußtsein das unbewußte Teilstück entdeckt und es direkt ins Licht des Bewußtseins bringt.

Gleichgewicht in der Stille läßt sich bildhaft beschreiben als ein sehendes Zentrum der Stille im Gleichgewicht zwischen den vier projektionserschaffenden Grundfaktoren der Psyche. Ein Beispiel:

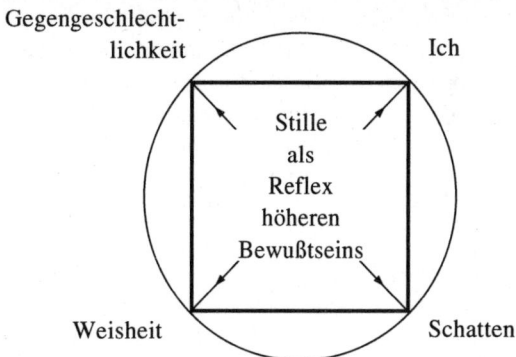

Diese Stille ist nun nicht ein beständiger dauerhafter Zustand. Anfänglich findet er sich nur in starken Augenblicken erhöhter Bereitschaft und Klarheit während der meditativen Übungssituation ein. Mit wachsender Erfahrung wird dieses aufmerksame Wissen um die Phänomene der Projektion immer umfassender. Die Zahl der Fälle, in denen aufgrund unbewußten fehlenden Gleichgewichts zwischen den psychischen Grundkomponenten Projektionen stattfinden, wird allmählich abnehmen. Je mehr Raum die Meditation einnimmt, desto seltener erfolgt eine Projektion.

Dieser spiegelnde, beobachtende Zustand ist vielfach mißverstanden worden als fehlendes Engagement in der Umwelt und an den Mitmenschen. Ganz im Gegenteil schenkt Meditation weit intensivere Aufmerksamkeit und Offenheit, als es sich ein gewöhnliches Bewußtsein vorstellen kann.

Wie vielfach erwähnt, bewirkt Meditation eine ungeteilte gegenwartsnahe Anwesenheit, deren Ausdruck Freude ist. Gleichgewicht und Ausgleich verhalten sich notwendig zu dem, was sie eben ausgleichen oder ins Lot bringen. Die meditative Stille enthält daher kraft ihres Gleichgewichts eine Rücksichtnahme, ein Verhältnis zu den Faktoren, die dieser Zustand ausgleicht.

Die nächste Stufe der Meditation tritt ein, wenn das In-der-Stille-sein so natürlich geworden ist (zumindest während der täglichen meditativen Übungsstunde), daß das Licht des Bewußtseins nicht mehr fortwährend Kontakt zu den verschiedenen kollektiven Grundfaktoren (zum Beispiel Ich, Schatten, Gegengeschlechtlichkeit, Archetypen, Weisheit) halten und sie dadurch aufrechterhalten muß.

Wir haben festgestellt, daß Meditation zunächst den persönlichen Gedanken und dem Engagement in der ichbezogenen Sphäre Energie entzieht. Statt dauernd an Mich und Mein zu denken, befreit sich diese große Energiemenge, die normalerweise an solche private Gedanken und Gefühle gebunden ist.

Die befreite Energie wird im Bewußtsein zu Klarheit. Darauf beginnen die Inhalte des Bewußtseins kollektiv zu werden; und die Klarheit führt dazu, daß das Bewußtsein allmählich die energiemäßigen Grundformen (Archetypen, Urbilder, Symbole, Weisheitsgestalten, religiöse Strukturen) dieser kollektiven Gedanken sieht. Wenn die Meditation in das Gleichgewicht der Stille hineinwächst, wenn sie sich weiter in der Stille verwurzelt, sich entscheidend in ihr zentriert, dann treten die kollektiven Momente in den Hintergrund, die Energie zieht sich aus diesen gewaltigen Numina zurück. Den kollektiven Gedanken und Bildern widerfährt, was vorher schon den persönlichen geschah. Die Energie, die ihnen Licht und Leben gab, wird im Bewußtsein zurückgehalten als unbenannte Klarheit, als unverbrauchte, nicht manifestierte, bereite Energie.

Dieser Zustand wird Leere genannt.

Leere, weil das Bewußtsein endlich weder von persönlichen noch von kollektiven Gedanken erfüllt ist.

Leere, denn selbst das Verhältnis des Ausgleichs zur Polarität zwischen außen und innen ist augenblickshaft aufgehoben.

Energie, die den Unterschied zwischen den verschiedenen kollektiven Faktoren aufrechterhält, anders ausgedrückt: Energie, die den Unterschied zwischen innen und außen aufrechterhält, diese Energie ist nun freigesetzt, rein und unverbraucht.

In diesem augenblickhaften Zustand gibt es darum keine Spuren mehr von Phänomenen und Gedanken, Dingen und Zuständen, mit denen das gewöhnliche Bewußtsein sich selbst und die Wirklichkeit identifiziert. Darum muß man ihn Leere nennen.

Diese Leere ist nun aber nicht leer, so wie eine geleerte Schale leer ist; es ist die Leere, wie sie vor dem ersten Tag der Schöpfung herrschte, es ist Leere als Voraussetzung aller Gedanken und Gegenstände.

Diese meditative Leere ist ein gesättigtes Kraftfeld.

Schon ein blitzartiger Zustand relativer Ruhe im mentalen Bereich, den wir neutrales Vakuum nennen, wird von selbst alle Unruhe, alles Ungleichgewicht der anderen Ebenen in der Persönlichkeit an sich saugen. Jede emotionale Unruhe und Unbewußtheit, alle Blockierungen und verdrängten Zustände, jedes physische und ätherische Ungleichgewicht wird in das Licht des mentalen Vakuums hineingezogen. Wenn im physischen, im ätherischen und im astralen Bereich Ruhe herrscht, wird sich das mentale Vakuum mit spirituellen Energiemanifestationen füllen.

Und dieses mentale Vakuum, der augenblickshafte Zustand relativer Ruhe im mentalen System, ist nur eine schwache Andeutung der wirklichen meditativen Leere, die auf die Stille folgt.

Wenn die Stille eintritt, hören Handlungen auf. Und so ist die meditative Handlung, die von der Stille zur Leere führt, die letzte Handlung vor handlungsfreier Offenheit.

Die Gesetze, die die Entwicklung der Persönlichkeit und ihre Beziehung zu anderen betreffen, ändern sich in der Leere.

In Augenblicken wirklicher meditativer Leere ist die Persönlichkeit eins mit den kollektiven allgemein-menschlichen Grundstrukturen. Alles wird sich an diesem Feld der Leere zutragen, das der Mensch zu seiner Ganzheit braucht.

Es wirkt wie ein ego-artiges Tiefdruckgebiet und die Energie vieler Menschen wird in diese augenblickshafte ich-lose Leere gezogen, um hierdurch mit dem höheren Bewußtsein in Beziehung zu treten, das in der Leere sichtbar wird und zu Worte kommt.

Alles, was zur Entfaltung dieses Prozesses notwendig ist, wird von der Leere angezogen. Durch ihre Kraft wird das meditierende Bewußtsein anziehen, was es zu seinem weiteren Wachstum braucht. Und die von dieser augenblickshaften ich-losen Leere angezogenen Menschen werden angezogen, damit ihr fortgesetztes Wachstum gesichert wird.

In der Leere schafft die Ganzheit neuen Wert, Wachstum und Ausgleich und verwendet das meditative Bewußtsein wie auch die Energien und Bewußtseinszustände, die von der Ganzheit durch das Feld der Leere angezogen werden.

Die sich aus der Leere ergebenden Prozesse sind folglich nicht persönlich, nicht ich-bezogen; sie sind kollektiv, so verstanden, daß sich die Ganzheit durch die

Bewußtseinszustände, Energieströmungen und physischen Umstände entfaltet, die sich im Brennpunkt der meditativen Leere sammeln.

Wenn der Prozeß der Meditation dieses Stadium erreicht, bedarf es keiner Handlung, keines Tuns mehr. Nun ist nur noch eines gefordert: das Bewußtsein regelmäßig in den Zustand der Leere zu versetzen. Und das – der Weg von der Stille zur Leere – ist die letzte mögliche Handlung. Mehr kann nicht getan werden. Geschieht mehr, soll mehr geschehen, so muß das Ganze oder das höhere Bewußtsein selbst für den Rest sorgen. Der Meditierende kann nur warten. Und dieses Warten ist angefüllt mit all den Begebenheiten, all der karmatischen Klärung, die das Feld der Leere von der Ganzheit empfängt in Form von einströmender Energie, Phänomenen, Gegenständen und Menschen.

Joshu begann Zen zu studieren, als er 60 Jahre alt war, und fuhr fort, bis er die 80 erreichte; dann verwirklichte er Zen. Seither unterrichtete er in der Leere.

Einst fragte ihn ein Schüler: «Wenn ich nichts in meinem Bewußtsein habe, was soll ich dann tun?»

Joshu antwortete: «Wirf es hinaus.»

«Wenn ich aber nichts habe, wie kann ich es dann hinauswerfen?» fragte der Schüler weiter.

«Gut», sagte Joshu, «trage es hinaus.»

Subhuti war ein Schüler Buddhas. Eines Tages saß er unter einem Baum in einem Zustand tiefer Leere. Blumen begannen um ihn niederzusinken.

«Wir preisen dich für deine Rede über die Leere», flüsterten die Götter ihm zu.

«Aber ich habe nicht von der Leere geredet», sagte Subhuti.

«Du hast nicht von der Leere geredet, wir haben keine Leere gehört», antworteten die Götter, «das ist wahre Leere.» Und Blumen sanken wie stiller Regen um Subhuti nieder.

3. KAPITEL

3. Illumination ist das ungehinderte Durchstrahlen des Lichtes aus dem meditativen Zentrum des Bewußtseins in dem Augenblick, da die Grenzen des Bewußtseins aufgehoben werden.

3.1. Illumination ist die Durchsichtigkeit der Persönlichkeit in sich selbst wie auch im Kosmos.

3.2. In der Durchsichtigkeit ist der Unterschied zwischen Innen und Außen, zwischen Bewußtsein und Gegenstand, aufgehoben.

3.3. Illumination ist die Umkehrung der Geburt.

Illumination

Das gewöhnliche Bewußtsein ist abgegrenzt einerseits gegen das kollektive Unbewußte, andererseits gegen das höhere Bewußtsein. Je öfter das Bewußtsein während der Meditation im Kraftfeld der Leere zu bleiben vermag, desto mehr Energie, Klarheit und Licht wird sich im meditativen Zustand ansammeln. Hierdurch wird sich das Bewußtsein erweitern und Schritt für Schritt seine Grenzen transzendieren oder sie öffnen. Und dann kommt – unabhängig vom Handeln des Bewußtseins – irgendwann der Augenblick, da die Offenheit, die Grenzenlosigkeit so groß geworden ist, daß das Licht des höheren Bewußtseins die gesamte Per-

sönlichkeit in einem erleuchteten Aufscheinen durch-
strahlt.

Ein solcher Blitz vollkommenen Erleuchtetseins wird
nur Bruchteile von Sekunden dauern; und während
dieser Zeit befindet sich das Bewußtsein in seinem nondualen Zustand. Es gibt weder Licht noch Dunkel,
weder Subjekt noch Objekt, weder Erfahrung noch jemanden, der erfährt. «Licht» ist daher eine bildhafte
Beschreibung, die sich daraus ergibt, daß das allgemeine
Bewußtsein nun einmal dual arbeitet.

Aber während dieser überaus kurzen Zeit werden
große Mengen an Energie, die sich in sehr schnellen
Vibrationen ordnen, die gesamte Persönlichkeit durch-
strömen und durchleuchten. Dieses Licht wird jeden
verborgenen Winkel im Unbewußten erreichen, jede
Blockierung im physischen Bereich, jede Einzelheit
der Charakterstruktur. Ein solcher illuminativer Blitz
wird erst dann möglich, wenn jede Handlung ruht,
jede Begierde, jeder Wunsch für einen Augenblick
gestillt, alles Denken verstummt und das Ich aufgehoben ist.

Konzentration baut Energie auf, indem sie vermeidet, diese in zerstreutem Denken zu verbrauchen. Hierdurch wird der Gegenstand der Konzentration bis zum
Rand gefüllt. Meditation entsteht auf natürliche Weise,
wenn Energie von selbst den Gegenstand überströmt
und sich in die Subjektivität zurückwendet. Hierdurch
stellt sich ganz allmählich ein unangestrengtes Gleichgewicht zwischen Subjekt und Objekt her. In diesem
meditativen Gleichgewicht wird auch weiterhin Energie
akkumuliert, weil das Denken – das persönliche wie
auch das kollektive – von Energie geleert wird; diese
Energie nährt und speist stattdessen die Klarheit des
Bewußtseins. Daher wird sich das Gleichgewicht zwi-

schen Subjekt und Objekt mit mehr und mehr Intensität und Licht anfüllen. Zunächst tritt Stille ein, dann Leere. Hat sich das Energiefeld der Leere genügend aufgeladen, so wird sich die Energie sprungweise und qualitativ über jede Grenze der Dualität erheben; sie wird in einem Blitz den Unterschied zwischen Subjekt und Objekt, zwischen Innen und Außen transzendieren.

In diesem Blitz der Illumination gibt es daher keinen Unterschied zwischen Subjekt und Objekt. Das Bewußtsein steht jenseits aller Dualität.

$$S \equiv O \qquad\qquad S \longleftrightarrow O$$

Wie wir schon bei der Beschreibung der Leere sahen, gibt es eine Analogie zu ihrem Energiefeld, die wir das mentale Vakuum nannten. Entsprechend gibt es in früheren Stadien des meditativen Prozesses Analogien für den illuminativen Blitz. Es sind dies die verschiedenen Formen und Abschattungen des Lichts; entsprechend den verschiedenen Formen und Abstufungen der Stille, die das mentale Vakuum darstellt.

Letztlich befindet sich die Quelle des Lichts im Innersten der Subjektivität. Doch werden die unterschiedlichen analogen Lichterlebnisse der Meditation sich als von außen kommend darstellen, als Visionen, als Gefühl eines das Individuum aus äußerer Quelle anleuchtenden Lichts. In meditativen Erlebnissen des Lichts zeigt sich dieses normalerweise außen. In der Illumination aber kommt es von innen und erleuchtet alles. Und im illuminativen Blitz selbst ist der Unterschied zwischen innerem und äußerem Licht aufgehoben. Inneres und äußeres Licht berühren sich und verschmelzen. Der Unterschied zwischen Licht und Nicht-Licht ist im illuminativen Blitz nicht mehr vorhanden.

Die Durchleuchtung durch das Licht wird dazu führen, daß das Bewußtsein sein eigenes Dunkel sieht. Nach einem solchen Erlebnis des Lichts wird daher ein – manchmal sehr lange andauernder – Zustand der Konfrontation mit den dunkleren unbewußten Seiten und Tiefen der Persönlichkeit eintreten. Dies ist die mit gesetzmäßiger Notwendigkeit folgende Ausbreitung des Lichts in das kollektiv unbewußte Dunkel.

Gleichzeitig wird das Licht jedoch in seinem Durchstrahlen Information aus dem höheren Bewußtsein mit sich führen, dessen Grenzen im illuminativen Blitz aufgehoben wurden.

Diese Information erreicht die Persönlichkeit in der Form der erwähnten überaus schnellen rhytmischen Vibrationen. Was durch dieses Licht vermittelt wird, ist unpersönliches, kollektives Wissen. Ein illuminativer Blitz wird daher immer einen ungewöhnlichen kreativen Zugang öffnen, durch den die empfangene Information umgesetzt und an andere Menschen weitergegeben wird, als direktes Wissen, Zuneigung, Heilung oder Erleuchtung anderer. Je nach der Stärke des illuminativen Blitzes kann sich diese Wissensmenge ändern. Ein einziger Bruchteil einer Sekunde kann zum Beispiel mit Leichtigkeit das Wissen dieses Buches enthalten und weitergeben.

Der Kern der illuminativen Einsicht wird darin bestehen, daß das Bewußtsein mit seiner Quelle eins ist.

Im allgemeinen glaubt das Bewußtsein, es unterscheide sich von seinem Ziel und seiner Quelle; es sucht und strebt, wünscht und begehrt aus der irrigen Annahme, es sei von seinem Ursprung und seiner Vervollkommnung geschieden.

Mit einem solchen Erlebnis der Illumination wird daher immer ein charakteristischer Humor verbunden sein. Das liegt daran, daß das Bewußtsein, die Persönlichkeit leidet: sie sucht nach etwas, das sie zu vermissen glaubt, in Wirklichkeit aber bereits besitzt und nie verlieren kann.

Der illuminative Blitz beleuchtet die Grundtatsache, daß alles Suchen und Raten, Wünschen und Begehren einem Mißverständnis unterliegt; daß es eben mein Suchen und Begehren ist, das mich daran hindert, das, was ich bereits bin, zu sehen und zu genießen.

Man sucht nach seiner Brille und stellt plötzlich fest, daß sie bereits auf der Nase sitzt.

Man hat seinen Hausschlüssel im Dunkel neben der Tür verloren und sucht ihn an der Straßenlaterne, weil es da hell ist.

Ein Betrunkener geht wieder und wieder um eine gemauerte Säule herum, tastet sie ab und ruft: «Warum hat man mich eingemauert?»

Zen bezeichnet den illuminativen Blitz mit dem Wort Satori. Man unterscheidet drei Grade: im ersten Grad befindet sich das Bewußtsein für einen Augenblick jenseits des dualen Labyrinths, es besitzt jedoch nicht den Faden der Ariadne, vermag nicht frei ein- und auszugehen; im zweiten Grad ist das Bewußtsein außerhalb und erinnert sich des Weges und der Technik, es vermag stets den Weg in die jenseitige Non-dualität zu finden, besitzt den Faden der Ariadne; und endlich befindet sich das Bewußtsein im dritten Grad des Satori vierundzwanzig Stunden am Tage, anders gesagt immer, jenseits des Labyrinths: dies ist der höchste Zustand der Erleuchtung.

Im Satori ist es möglich, das große Lachen zu erleben.

Durchsichtigkeit

In dem erfüllten Augenblick der Illumination ist die Persönlichkeit im Kosmos durchsichtig geworden. Die Ganzheit erwacht und erkennt sich selbst im Individuum.

Alles Leiden beruht darauf, daß die Ganzheit mit sich selber Verstecken spielt und sich in der Individualität verbirgt.

In ihrer Tiefe ist diese Individualität eins mit der Ganzheit, mit dem Kosmos. Wenn dieses tiefe Wissen wiedergefunden wird, breitet sich das Licht in der Durchsichtigkeit der Illumination aus.

Der Zustand des erleuchteten Augenblicks hat drei Aspekte: Licht, Seligkeit und Nondualität (vgl. Long-Chen-Pa).

Was für diese drei Modifikationen im illuminatorischen Blitz gilt, trifft auch, in schwächerer Form, für die ihnen entsprechenden Zustände während des meditativen Prozesses zu.

Licht verfällt in Irritation; Seligkeit in Sexualität; Nondualität in Schläfrigkeit.

Nähert sich das meditative Bewußtsein der Möglichkeit der Illumination oder dem höheren Bewußtsein in seinem Aspekt als Licht, ohne den Durchbruch zu einem klaren Erleben dieses Lichtes zu schaffen, wird sich stattdessen Irritation einfinden. Die Strahlung des Lichts wird in Irritationsbereitschaft verfallen. Ist das Energieniveau nicht hoch genug oder fällt es, wird das vibrierende Beben, das in seinem Aufleuchten das Dunkel und die Schatten der Persönlichkeit durchdringt, stattdessen eine Irritation hervorbringen; eine Irritation, die Bewegung und Aktivität im Dunkel und in den Schatten ist, ohne die sehende Kraft und reinigende Verwandlung des Lichtes.

Nähert sich der meditative Prozeß der Möglichkeit der Illumination oder dem höheren Bewußtsein unter seinem Aspekt als Seligkeit, ohne diesen Zustand bewirken zu können, wird der begonnene Aufbau der Energie in dieser Richtung verfallen, er wird sich in sexueller Lust verflachen.

Seligkeit ist eine qualitative Verwandlung der Energie, die allgemein als Lust und spezifisch als sexuelle Lust bekannt ist. In der Persönlichkeit, innerhalb des Menschen gibt es nur eine einzige Energie; doch hat diese Energie viele Ausdrucksformen und erfährt viele qualitative Veränderungen.

Jede intensive Energie enthält die Möglichkeit der Lust. Wenn sich der meditative Energieaufbau illuminativen Zuständen nähert, befindet sich die Intensität auf dem Weg in den Zustand der Seligkeit. Wird dieser nicht erreicht, so gleitet das Energieniveau in sexuelle Lustgefühle ab.

Nähert sich der meditative Zustand dem höheren Bewußtsein in seinem Aspekt als Nondualität, und bereitet sich eine Transzendenz aller Unterschiede vor, ohne daß das – aus Mangel an Energie – erreicht wird, so wird die nonduale Durchsichtigkeit zur Durchsichtigkeit des Schlafes verfallen. Transzendenz ist eine höhere, Schlaf eine tieferstehende grenzüberschreitende Durchsichtigkeit. Schlaf plus Licht ist gleich illuminativer Durchsichtigkeit.

Im Laufe der vorbereitenden Meditationspraxis (konzentrativen Denkens und Schauens, der Meditation, Stille, Leere) wird dem Bewußtsein oft einer oder mehrere dieser Zustände begegnen: Irritabilität, sexuelle Lust, Schläfrigkeit.

Sind einem diese Phänomene als Verfallserscheinungen oder unvollkommene Vorläufer von Licht, Seligkeit und Nondualität bekannt, so wird man dieses Wissen dazu verwenden können, diese Zustände zu verstehen und sie auszugleichen.

Dadurch, daß man einen Aspekt des höheren Bewußtseins gegen die Verfallserscheinung eines anderen Aspekts verwendet (beispielsweise Licht gegen den Schlaf als Verfallserscheinung der Nondualität), erreicht man, daß das Bewußtsein die Richtung zu höherem Bewußtsein wiederfindet.

Nähert sich das Bewußtsein während der Meditation dem höheren Bewußtsein durch den Aspekt der Seligkeit und ist nicht imstande weiterzukommen (etwa wegen eines Mangels an Gleichgewicht im Sexuellen, oder aufgrund einer zu geringen Integration des Schattens, was ja Unseligkeit schafft), so tritt eine Störung in Form sexueller Lustgefühle ein. Wendet das Bewußtsein nun die Einübung der Nondualität an (letztlich gibt es keinen Unterschied zwischen den beiden Polen des sexuellen Spannungsfeldes), so wird die Richtung in das höhere Bewußtsein wiederhergestellt; und gleichzeitig wird das Bewußtsein entdecken, was die Störung enthielt oder woher sie stammt.

Auf seinem Weg stößt das Bewußtsein auf ein Hindernis. Statt nun dieses Hindernis (etwa Schlaf) zu bekämpfen, beschließt das Bewußtsein akzeptierend, einen anderen Wcg zu gehen (in der Richtung des Lichtes).

Hierdurch umgeht es das Hindernis und kann von dieser Seite aus seine tieferen Ursachen erkennen.

Es ist einfach, diese Technik auf dem meditativen Weg von der Stille zur Leere zu verwenden. Hier gibt es noch Handlung und daher Gedanken. Diese Gedanken sind meditativ im Gleichgewicht mit der denkenden Subjektivität; und sie sind in hohem Maße entpersönlicht oder kollektiv. Da das meditative Bewußtsein in seiner Klarheit die urbildlichen Vorlagen dieser kollektiven Gedanken sehen kann und wird, reicht es ihm aus, ein solches Urbild, etwa «Licht», durch den bloßen annähernden Gedanken des Lichtes zu aktivieren. Das Urbild wird nun selbst die Energie in der vom Bewußtsein durch seine denkende Handlung erwünschten Richtung bündeln. Im meditativen Gleichgewicht auf dem Weg zur Leere erschafft das Wort, was es nennt.

Wir haben bisher zwei Grundzüge benannt, die das allgemein bekannte, ich-zentrierte Bewußtsein, unseren Ausgangspunkt für den meditativen Prozeß, charakterisieren: es wandert, und es hat die Unterschiedlichkeit zu seinen Inhalten und Gedanken vergessen, sich in seinen Gegenstand verloren. Hier ist nun der Ort, wo wir seinen dritten und letzten Grundfaktor betrachten wollen.

Daß das Bewußtsein nur in einer Dimension, nämlich dem Spannungsfeld zwischen Subjekt und Objekt, wirksam ist, will sagen, daß es nur in einem einzelnen Aspekt seiner gesamten Kapazität funktioniert; das entspricht einem Erleben der Wirklichkeit als eindeutiger, als einer einzigen klar definierbaren Dimension. Es ist dies die allen bekannte sogenannte äußere objektive Wirklichkeit, einschließlich der ihr entsprechenden geschlossenen, privaten inneren Welt von Einstellungen, Gedanken, persönlichem und kollektivem biographischem Material, Körpergefühlen, Stimmungen usw. Wer das Bewußtsein in der Funktion seiner höheren Aspekte üben will, muß mit der Vorstellung brechen, das Bewußtsein bestehe nur aus dem, was wir kennen. Die uns bekannte Bewußtseinsfunktion repräsentiert nur etwa ein Zehntel der gesamten möglichen Bewußtseinskapazität.

Die Tendenz des Bewußtseins, von einem Gegenstand zum andern, von Gedanke zu Gedanke, Eindruck zu Eindruck zu wandern, wird durch konzentrative Sammlung auf einen Gegenstand angehalten oder neu strukturiert. Die einseitige Verlorenheit des Bewußtseins in seinen Gegenstand wird durch die zwiefache Richtung der Meditation beendet und aufgehoben.

Die Eindimensionalität des Bewußtseins wird durch die illuminative Transzendenz der Dualität Subjekt-Objekt zur Mehrdimensionalität geöffnet. Eindimensionalität will sagen, daß das Bewußtsein die Welt in Subjekt und Objekt, Innen und Außen aufteilt und in diesem dualen Spannungsfeld wirkt, sieht, erlebt und erkennt.

Mehrdimensionalität bedeutet die Offenheit des Bewußtseins für die Unbeschreiblichkeit der kosmischen Wirklichkeit, die sich in der Transzendenz der Dualität von Subjekt und Objekt entfaltet.

Der Weg von der Meditation in die Illumination ist ein Ansammeln von Licht, von Energie als oder zu Licht. Dieses Licht oder diese leuchtende Energie zerstreut sich in gewöhnlichen Bewußtseinszuständen zu Gedanken, Bildern, Archetypen, Symbolen, Farben, Visionen.

Im Prozeß von der Meditation zur Illumination wird eben diese Zerstreuung des Lichtes in einem Strahl gebündelt. Oder aber die Meditation arbeitet sich aus den zerstreuten Lichtphänomenen heraus in die Quelle des Lichtes hinein. Kontakt mit der inneren, hinter allen zerstreuten Lichtformen befindlichen, identischen Lichtquelle ist Illumination.

Vor wie auch nach einem illuminativen Erlebnis ist es dem Bewußtsein möglich, das Licht auf verschiedene Weise anzuwenden. Hat sich eine ausreichende Menge meditativer Energie im Bewußtsein angesammelt und steht folglich als verwendungsbereite Energie als klares Licht zur Verfügung, so kann dieses Licht entweder festgehalten und nach innen in seine Quelle gewendet werden; oder aber es wendet sich nach außen in schöpferischer Entfaltung, in Farbenerlebnissen und aurischen Phänomenen.

Durch diese farbenstrahlenden Erlebnisse werden viele Meditierende dazu verführt, sich bei der Fähigkeit aufzuhalten, Aura zu sehen, Bilder zu formen, in der Wirklichkeit schöpferisch zu sein.

Aufgabe und Ziel der Meditation ist nun aber nicht, hier stehenzubleiben. Es geht um Illumination und weiterhin um dauernde Erleuchtung. Erst so kann der einzelne als Durchsichtigkeit für den Kosmos wirken, als Weg für das Göttliche, ohne sein Ich als Filter miteinzubringen. Das Ich ist notwendig, als eine schöne, tiefgründige Erscheinung, mit dem Sinn, das Bewußtsein im gewöhnlichen Funktionsmodus zu bündeln. Ohne diese Funktion des Ich könnte das Bewußtsein nicht ausreichend Energie ansammeln, um die Verwirklichung seiner selbst als höherem Bewußtsein zu realisieren.

Das Ich ist ein Boot, mit dessen Hilfe das Bewußtsein von Unbewußtheit zu höherem Bewußtsein zu gelangen vermag. Ist das höhere Bewußtsein aber erreicht, so wirkt das Ich als Verzögerung, als regressive Bildung. Am Ich festzuhalten, wenn höhere Bewußtseinsfunktionen ihre kosmische Vieldimensionalität entfalten, ist, als hielte man noch mit 18 Jahren an seinen Milchzähnen fest.

Wenn das Licht in Farben gebrochen und in aurischen Gesichten und Erscheinungen ausgedrückt wird, besteht die Gefahr, daß das Ich neue Nahrung aus den Rückmeldungen zieht, die das Bewußtsein kraft seiner aurischen Kapazität empfängt. Wenn das Ich aber dadurch genährt wird, daß das Bewußtsein das Licht in aurischen Farben ausbreitet, dann wäre es besser, das Bewußtsein hätte nie dieses einfache und schöne Geheimnis entdeckt, das darauf beruht, das in der Meditation angesammelte Licht in einer der zahllosen Facetten des Bewußtseins brechen zu lassen und es in einem aurischen Farben- und Symbolspiel auszustrahlen.

Das Problem, die Gefahr, besteht nicht darin, Kreativität oder aurische Fähigkeiten anzuwenden, sondern darin, daß das Ich möglicherweise an den positiven Rückmeldungen der Welt wächst und erstarkt. Wenn aber das Ich sich aufbläst, so wird der Transformationsprozeß des Bewußtseins, sein Heranwachsen zum eigentlichen Ziel der Illumination und des höheren Bewußtseins zum Stocken gebracht.

Die Umkehr der Geburt

Erfährt ein Mensch den Blitz der Illumination, so entdeckt er möglicherweise folgendes: was in einem solchen Augenblick geschieht, steht gewissermaßen in umgekehrtem Verhältnis zu den Geschehnissen während eines realen Geburtsprozesses.

Die Geburt ist, spirituell gesehen, ein Grenzen setzender Prozeß der Kontraktion. Illumination ist ein Grenzen überschreitender Prozeß der Erweiterung. Der Prozeß von der Empfängnis zur Geburt setzt einen individuellen physischen Fokus. Der Prozeß von meditativer

Leere zur Illumination transzendiert diesen Fokus und bewirkt eine kosmische, unendliche, nicht in einem Brennpunkt gebündelte spirituelle Offenheit.

Beobachtet man in einem Zustand höheren Bewußtseins, was während einer Schwangerschaft geschieht, so wird man folgendes sehen: während sich das Kind in der Gebärmutter befindet, wird nach dem Maßstab der physischen Dimension seine spirituelle Energie außerhalb seines Körpers liegen. In seiner Inkarnation durch den Gebärmutterprozeß bewegt sich das entstehende Individuum aus seiner spirituellen Qualität in den sich bildenden Körper hinein.

Betrachtet man einen schon geborenen Menschen, verhält es sich anders. Ein solcher Mensch wird stets seine spirituelle Energiestruktur in der Zentrumslinie verankert haben, die dem physischen System des Rückgrats entspricht. Wenn die spirituelle Aura auch als Strahlung um den menschlichen Körper gesehen und registriert werden kann, so ist diese Strahlung dennoch in den Energieprozessen verankert, die im physischen Rückgrat und dem ätherischen Chakrasystem verlaufen.

Während des Geburtsprozesses kommt ein Zeitpunkt, da der Kopf des Kindes noch nicht und beinahe schon geboren ist. Hier – wenige Preßwehen vor der eigentlichen Geburt des Kopfes und damit des Kindes – geschieht folgendes: die spirituelle Energiestruktur bewegt sich aus ihrer Position außerhalb des Körpers hinein in und um das Rückgrat, wonach der Essenzpunkt sich aus dem Kopf des Kindes über ihn hinaus emporschiebt. Dies ist mit anderen Worten der Zeitpunkt, da die tatsächliche spirituelle Inkarnation stattfindet. Die gewaltige Energiezunahme, die im Energiefeld der Mutter einige Meter außerhalb ihres Körpers rasch vibrierende energetische Wirbelstrukturen formt, ist offenbar notwendig, damit die spirituelle Energiestruktur in die ätherischen und physischen langsamer schwingenden, inneren Energiesysteme hineingezogen und mit ihnen verbunden werden kann.

Es ist nun eigentümlich, daß die spirituelle Energiestruktur des Kindes in der Tat aus der Mutter «geboren» wird, noch während nur der äußerste Haarschopf seines Kopfes in der Geburtsöffnung sichtbar ist. Erst danach wird seine physische Form in den folgenden Preßwehen dem spirituellen Energieaufbau nachfolgend hervorgezogen. Vom Gesichtspunkt des Kindes läßt sich daher sagen, daß die Geburt an diesem Punkt ihren Charakter ändert: war sie bisher nur ein Pressen von Innen nach Außen, so wird sie nun auch zu einem Ziehen, einer magnetischen Anziehung der noch ungeborenen physischen Struktur seitens der schon geborenen spirituellen Struktur. Die bereits geborene, inkarnierte spirituelle Struktur zieht die physische Struktur des Kindes hervor.

Im Blitz der Illumination erfolgt die Umkehrung dieser spirituellen Einstülpung in die physische Struktur während der Geburt. Die spirituelle Struktur und Bewußtseinsfunktion wird in diesem Augenblick wieder aus der physischen Identifikation und der hieraus folgenden Begrenzung gewendet und geöffnet; sie schwebt für diese Zeit frei im Kosmos, jenseits aller Unterschiede zwischen Innen und Außen, Physischem und Geistigem.

Um Phänomene von der Art der Geburt oder der Illumination zu erklären, muß man, davon ausgehen, daß das Physische und das Spirituelle gewissermaßen unterschiedliche, miteinander verbundene Strukturen sind. Das ist aber nur die halbe Erklärung. Das Spirituelle ist ein Aspekt des Physischen und umgekehrt; beide sind Eines, zwei Seiten einer und derselben Münze. Spiritualität ist Offenheit, Freiheit, kosmische Grenzenlosigkeit; das Physische ist das andere Extrem der Einheit: Geschlossenheit, Begrenzung, Unfreiheit. Da Spiritualität ihre Grundqualität nicht verlieren kann, wird die sogenannte spirituelle Einstülpung des Geburtsprozesses und ihre entsprechende augenblickshafte Rückstülpung der Illumination dem spirituellen Aspekt seinen Charakter der Freiheit, der kosmischen Grenzenlosigkeit weder beschneiden noch zuführen können.

Ein Zenmeister gab als Koan folgende Meditationsfrage:

Eine Gans wurde in einer Flasche ausgebrütet; sie wuchs und gedieh, wurde groß und konnte nicht mehr durch den Flaschenhals ins Freie. Wie gelangt diese Gans dennoch hinaus, ohne daß die Flasche zerstört oder sie selbst getötet wird? Die Antwort, die, wenn sie wirklich erfahren wird, eins ist mit einem Blitz des Satori, lautet und kann nur lauten: Die Gans ist schon im Freien.

Eindimensional gesehen ein abstruses Paradox; vieldimensional simpel und klar.

4. KAPITEL

4. Höheres Bewußtsein ist der Zustand, in dem die Erfahrung der gesamten kosmischen Energie – des Göttlichen – stattfindet.
4.1. Die kosmische Energie manifestiert sich gleichzeitig als Impuls wie auch als Feld.
4.2. Ein Impuls oder ein Feld höheren Bewußtseins ist eine durchstrukturierte Harmonie von Wissen, Licht und Energie.

Höheres Bewußtsein

Höheres Bewußtsein wird als solches bezeichnet, weil sein Energieniveau höher ist als das eines gewöhnlichen Bewußtseinszustandes. Deshalb sind auch Klarheit und Lichtstärke höher und damit wird das Gesichtsfeld oder die Reichweite des Bewußtseins größer. Wenn man in einem großen dunklen Saal eine elektrische Lampe anzündet, sieht man mehr, als wenn man sich mit einer Kerze begnügt. Und es ist mehr Energie zum Erhalten des elektrischen Lichtes erforderlich als zu dem der Kerze.

Höheres Bewußtsein ist nun aber nicht nur quantitativ größer als das gewöhnliche Bewußtsein. Höheres Bewußtsein unterscheidet sich qualitativ vom normalen

Ich-Bewußtsein, das sich seinerseits qualitativ und nicht etwa nur quantitativ vom Unbewußtsein eines neugeborenen Kindes unterscheidet.

Das allgemein bekannte ich-bezogene Bewußtsein bezieht sich auf Teile und Geteiltes; es erkennt seine Inhalte nur partiell, begegnet ihnen nur stückweise. Das höhere Bewußtsein hingegen bezieht sich auf die Ganzheit; es öffnet sich dieser Ganzheit und wird in mehr oder weniger hohem Maße eins mit ihr. Daher läßt sich sagen, daß das höhere Bewußtsein der Zustand ist, in dem die Erfahrung der gesammelten kosmischen Energie – des Göttlichen – stattfindet.

Die göttliche kosmische Ganzheit hat keinen Namen und gehört keiner bestimmten Religion an. Das Göttliche oder der Kosmos ist weder christlich noch buddhistisch, weder islamisch noch jüdisch.

Auch die vier Stufen des meditativen Prozesses, die wir bisher zu charakterisieren versuchten, gehören keinem dogmatischen oder religiösen System an. Der meditative Weg ist gewissermaßen eine Art von Wissenschaft des Bewußtseins. Zugleich aber enthält er ein existentielles, schöpferisches Moment, das der Wissenschaft als solcher fehlt.

In der Natur herrscht die gleiche Zweideutigkeit. Sie folgt gewissermaßen einer ihr innewohnenden Gesetzmäßigkeit (Schwerkraft, Ausbreitung des Lichts, Gefrierpunkt). Man kann Gesetze aufstellen oder ergründen, die anscheinend von der Natur befolgt werden. Gleichzeitig enthält diese Natur aber ein kreatives Moment: nicht zwei Butterblumen sind sich gleich, obwohl beide den Gesetzen der Natur folgen. Und die Natur ist «existentiell»; sie *ist*, sie denkt nicht; sie befindet sich im Jetzt, nicht in Erinnerungen oder Plänen, in Vergangenheit oder Zukunft.

Ich und allgemeines Bewußtsein sind ein notwendiger Durchgang auf dem Weg des Kosmischen zur Selbstverwirklichung. Wie eine Blume. Wie ein toter Vogel. Wie Wind und Regen.

Die Grundstufen des meditativen Weges finden sich in westlichen wie auch in östlichen Entwicklungssystemen beschrieben. Die Zustände und Techniken, die diese grundlegenden Etappen in der Metamorphose des Bewußtseins zu höherem Bewußtsein bezeichnen – Konzentration, Meditation, Illumination, höheres Bewußtsein –, finden sich klar in den großen religiösen Entwicklungssystemen beschrieben.

In der christlichen Mystik, aus der uns mehrere im Erleuchtungsprozeß befindliche Meister bekannt sind – der heilige Franziskus, Meister Eckhart, Teresa von Avila –, werden die vier Stufen folgendermaßen beschrieben:

Konzentration besteht in der Handlung, der Übung, in der die Seele sich beständig auf Gott richtet und an ihn denkt. Während man geht und steht, redet und arbeitet, speist und ruht: beständig an Gott denken, beständig die Richtung auf das absolute Telos einhalten.

Das christliche Herzgebet, das darin besteht, bei jedem Schlag des Herzens ein Gebet zu sagen – zum Beispiel: der Herr segne und bewahre mich –, ist eine Technik konzentrativer Art mit dem Ziel, im Bewußtsein Einheit und Richtung zu erschaffen. Dieser Prozeß wird RECOLLECTIO genannt.

Meditatives Gleichgewicht zwischen Innen und Außen wird von Eckhart beispielsweise als der Zustand beschrieben, in dem Gott und die Seele sich im Gleichgewicht befinden, so daß die Seele in Gott und Gott in der Seele geboren wird. Dieses deutlich meditative, zwiegerichtete Bewußtsein im Gleichgewicht zwischen Seele und Gott wird SILENTIUM, Stille, genannt.

Mystiker wie Teresa, Eckhart und Ruysbroek bezeichnen die augenblickshafte Erleuchtung, in der Seele und Gott in einem einzigen Nu eins sind als ILLUMINATIO.

Schließlich wird das dauerhafte höhere Bewußtsein UNIO MYSTICA genannt, als permanentes Einssein mit Gott.

Im Osten, zum Beispiel bei Patanjali, finden wir in den ersten fünf Abschnitten des dritten Buches der Yogasutras dieselben grundlegenden Phasen:

1. Dharana, Konzentration, ist die Eingrenzung des Bewußtseins auf den Gegenstand, über den meditiert wird.
2. Dhyan, Kontemplation, ist das ununterbrochene Fließen des Bewußtseins in diesen Gegenstand (das Gleichgewicht des zwiegerichteten Bewußtseins zwischen Subjekt und Objekt).
3. Samadhi ist die Einheit des Bewußtseins mit seinem Gegenstand.
4. Diese drei – Dharana, Dhyan und Samadhi – konstituieren gemeinsam Samyana (höheres Bewußtsein).
5. Wird dies gemeistert: das Licht des höheren Bewußtseins.

Dieselben Grundgesetze des Bewußtseins lassen sich in Taoismus, Buddhismus, Tantra und Zen nachweisen. Es sind allgemeinmenschliche Bedingungen und Stufen des Wachstums. Alle Menschen haben zwei Augen, eine Nase und einen Mund. Alle sind zunächst Kinder, lernen sprechen, werden erwachsen und sterben. Auch das Bewußtsein, das Selbstverständnis des Menschen, hat allgemeine, gemeinsame Stufen des Wachstums: Ich-Bewußtsein, Konzentration, Meditation, Illumination und höheres Bewußtsein.

Manche Blumen kommen zum Blühen, andere verdorren in der Knospe; manche Menschen erblühen in der Stille, andere bleiben unentfaltet. Der Kosmos verwirklicht sich gleich und gleich stark in denen, die blühen, wie in denen, die Knospe bleiben (Soli Deo Gloria).

Christusimpuls und Buddhafeld

Die kosmische Energie manifestiert sich gleichzeitig als Impuls und als Feld. Im Bereich naturwissenschaftlicher Gesetzmäßigkeiten finden wir, analoge Strukturen. Licht ist zum Beispiel gleichzeitig eine Bewegung von Partikeln und eine Wellenbewegung. Eigentlich schließen sich diese Beschreibungen gegenseitig aus. Licht bewegt sich durch den leeren Raum; folglich kann es keine Welle sein, denn eine Welle ist immer eine Welle in etwas – eine wellenhaft bewegte Leere läßt sich nicht denken. Licht wird von zwei in einem Winkel von 45 Grad zueinander gedrehten polarisierten Glasscheiben aufgehalten: es sind aber nur Partikel, die von solchen Glasscheiben zum Stillstand gebracht werden; Wellenbewegungen können sie ungehindert durchdringen. Stellt man an das Phänomen des Lichts Partikelfragen, gibt es Partikelantworten: stellt man Wellenfragen, erhält man Wellenantworten.

Das höhere Bewußtsein läßt sich als mobiler Impuls oder aber als ruhendes Feld beschreiben. In den religiösen und esoterischen Entwicklungssystemen des Westens herrschte die Neigung vor, das höhere Bewußtsein primär als Impuls zu beschreiben und zu deuten. Zum Beispiel zentriert sich das Christentum in seinen vielfachen Deutungen und Auslegungen um die Idee von Christus als einem Impuls. Doch gibt es in der westlichen Tradition deutliche feldhafte Darstellungen, etwa Eckhart und gewisse Elemente in der Musik von J.S.Bach. In den religiösen und entsprechenden Entwicklungswegen des Ostens dominierte eher die Idee des höheren Bewußtseins als eines Feldes.

Dies hängt vermutlich mit der merkwürdigen Tatsache zusammen, daß der Westen mehr nach außen gerichtet, eher handlungsorientiert zu sein scheint, während sich der Osten allem Anschein nach mehr nach innen richtet und betrachtungsorientiert ist. Doch finden sich auch im Osten impulszentrierte Auslegungen und Lehrsätze über das höhere Bewußtsein.

Der Mensch hat zwei Gehirnhälften, deren Funktionen teilweise aufeinander bezogen, die jedoch in der Mehrzahl der Fälle nicht in gleichem Maße entwickelt sind. Entsprechend mag es so aussehen, als habe die Menschheit ihre gesamte kulturelle und zivilisatorische Kapazität in zwei nur zum Teil aufeinander bezogene Hälften aufgeteilt: das Streben der extravertierten westlichen Zivilisation gegenüber der introvertierten östlichen zivilisatorischen Tendenz.

So wie das Ich-Bewußtsein des Menschen mit einer einseitigen Akzentuierung entweder der rechten oder der linken Gehirnhälfte verbunden oder von dieser abhängig ist, mag es so aussehen, als sei die allgemeine, nationalitätszentrierte Kultur an eine Betonung entweder westlicher oder östlicher Tendenz gebunden.

Individuell verstandenes oder in diesem Aspekt befindliches höheres Bewußtsein scheint mit einer Koordinierung und später einer Transzendenz der beiden Gehirnhälften verbunden zu sein (vgl. Ornstein).

Entsprechend scheint das höhere Bewußtsein in seinem kollektiven, kulturellen oder globalen Aspekt an eine Koordinierung und später eine Transzendenz der Unterschiede zwischen östlicher und westlicher Religion und Kultur gebunden zu sein.

Das gewöhnliche Bewußtsein legt sehr großen Wert auf den Unterschied zwischen den einzelnen Ichs und auf den Unterschied zwischen verschiedenen Nationen. Ichs und Nationen stehen einander nicht unmittelbar offen; sie leben davon, ihr eigenes Territorium, ihr spezielles Gepräge zu haben, das sich von dem anderer unterscheidet.

In Zuständen höheren Bewußtseins steht die basale Identität weit mehr im Vordergrund als die individuelle Verschiedenheit.

Individualität in höherem Bewußtsein beruht darauf, daß ein jeder, der das gemeinsame, universelle höhere Bewußtsein erreicht, ein absolut neuer individueller Aspekt dieser kosmischen Gemeinsamkeit ist. Einer einzelnen Facette eines Kristalls würde es nie in den Sinn kommen, eine an sie angrenzende Facette zu bekämpfen. Beide existieren nur und ausschließlich als Facetten der gleichen Durchsichtigkeit.

In meinem Buch *Traumarbeit und Meditation* deutete ich auf der Basis einer Betrachtung kollektiver Träume an, daß eine Art von Krisenzustand auf das Bewußtsein zukommt; und daß es in dieser Krise letztlich darum geht, die Struktur des Bewußtseins auf kollektiver Ebene zu verändern. Bis heute waren es einzelne Individuen mit großem zeitlichem und räumlichem Abstand zueinander, die ausnahmsweise Berührung mit dem höheren Bewußtsein aufnahmen. Es sieht so aus, als nähere sich die menschliche Entwicklung des Bewußtseins bis zum Jahrtausendwechsel einer neuen Phase, während der wesentlich mehr Individuen die Möglichkeit zur Verwirklichung dieser Zustände erhalten.

Ein Rückblick über die Geschichte der Bewußtseinsentwicklung läßt klar erkennen, daß der vorherrschende Bewußtseinszustand zu einem gewissen Zeitpunkt in der Vergangenheit ein tierhaftes ich-loses Unbewußtsein gewesen ist. Nach Meinung der Tiefenpsychologen begann das Ich-Bewußtsein sich in Stämmen oder ethnischen Gruppen als Kulturfaktor zu erweisen, in denen viele Mitglieder von einem einzelnen Ich geleitet wurden (einem König, Häuptling, Medizinmann usw). Nicht alle Mitglieder einer solchen Gruppe besaßen ein Ich-Bewußtsein. Nur einzelne artikulierten das Ich-Sein.

Danach wurden allmählich kollektive Zustände des Ich-Bewußtseins erreicht. Zunächst waren es wenige, die dieses Bewußtsein hatten; später erlangten es alle.

Betrachten wir ein neugeborenes Kind, so ist deutlich erkennbar, daß es zunächst kein aktuelles Ich besitzt; erst allmählich und langsam entwickeln sich Inseln des Ich-Bewußtseins, die sich schließlich in seiner bekannten zusammenhängenden Form sammeln.

Um die Jahrtausendwende scheint das Bewußtsein dazu reif zu werden, sich entweder selbst zu zerstören bzw. zu reduzieren, oder aber die Grenze des Ich-Bewußtseins zu transzendieren, um höheres Bewußtsein als eine kollektive Struktur zu erreichen.

Viele Jahre Arbeit mit Entwicklungsgruppen und vieljährige Beobachtung der Aspekte höheren Bewußtseins in solchen Gruppen, haben ausreichend verdeutlicht, daß das höhere Bewußtsein seine impulsmäßige und seine feldmäßige Manifestationsform miteinander zu koordinieren sucht.

Auf den unbewußten und den höher bewußten Ebenen der Menschheit zeichnet sich ein Bestreben ab, Ost und West, Feld und Impuls miteinander zu koordinieren.

In vielen einzelnen Individuen im Osten wie im Westen zeigt sich dies in einer Tendenz, den Christusimpuls mit dem Buddhafeld zu harmonisieren.

Der Christusimpuls des Westens und das Buddhafeld des Ostens sind vielleicht die größten und klarsten – keinesfalls aber die einzigen – Manifestationen des Impuls- und des Feldcharakters im höheren Bewußtsein.

Jeder Mensch, der kraft meditativer Übung den Zustand permanenter Erleuchtung erreicht, wird ein konstitutiver Bestandteil der permanenten Struktur des höheren Bewußtseins.

Vernunft und Wissenschaft und die Erfahrung der meisten Menschen sind zwar noch nicht offen dafür, dennoch muß man, vom höheren Bewußtsein aus gesehen, erkennen und folglich sagen, daß ein solches Feld oder ein solcher Impuls erleuchteten Bewußtseins nicht mit dem physischen Tod seines Trägers vergeht. Das höhere Bewußtsein ist eine multidimensionale, prismatische Struktur; und es enthält sämtliche erleuchteten individuellen höheren Bewußtseinsaspekte.

Patanjali, Eckhart, Christus, Buddha sind daher nicht nur der Geschichte gegenwärtig, als ferne Ursachen immer noch existierender Nachwirkungen; im höheren Bewußtsein sind sie direkt gegenwärtig als Aspekte dieses Bewußtseins, und sie manifestieren sich daher beständig in den Grundformen des höheren Bewußtseins als Impuls oder Feld.

Ein jeder, der durch Meditation Illumination und damit Zustände deutlich höheren Bewußtseins erreicht, wird mit jener Teilstruktur im kosmischen Hologramm

Berührung aufnehmen können, die ein früheres erleuchtetes Bewußtsein ausmacht.

Der kosmische Urgrund – das Göttliche – manifestiert sich als Feld und als Impuls. Impuls und Feld wiederum manifestieren sich durch die verschiedenen Facetten und Aspekte des höheren Bewußtseins, die von erleuchteten Bewußtheiten gebildet werden.

Diese Felder oder Impulse höheren Bewußtseins sind bestimmten Gesetzen unterworfen:

1. *Ein Impuls oder ein Feld höheren Bewußtseins ist eine durchstrukturierte Harmonie von Wissen, Licht und Energie.*

Energie kann unstrukturiert auftreten als nebelhafte Gestalt und Schattierung ohne innere Form oder Rhythmus. Oft sieht man um einzelne Individuen, in Gruppen oder auch global derartige unstrukturierte Energiebildungen. Doch sieht man auch oft durchorganisierte Energie, zum Beispiel Chakrastrukturen.

Nehmen wir einmal an, daß ein Mensch in meditativer Übung Zustände der Stille und Leere erreicht, in denen das Bewußtsein als Licht erscheinen kann. Dieser Mensch wird also in der Meditation Licht oder Seligkeit oder Nondualität erleben. Was man nun auch an Spiritualität erleben mag, es wird von diesen Impulsen oder Feldern höheren Bewußtseins stammen und daher Wissen enthalten, wie auch immer das Bewußtsein den Kontakt registriert haben mag. Licht oder Nondualität oder Seligkeit zum Beispiel scheinen nun nicht unmittelbar Wissen zu enthalten. Daher mag es wesentlich sein, diese Gesetzmäßigkeit zu kennen, die besagt, daß in diesen Begegnungen stets Wissen in reichlichen Mengen enthalten sein wird.

Wissen worüber? Zum Beispiel über den weiteren Entwicklungsweg des betreffenden Individuums hin zu klareren Zuständen des Anschlusses an einen bestimmten Aspekt höheren Bewußtseins (der Ebene des spirituellen Lehrers). Oder ein Wissen um Entwicklungstechniken. Ein Wissen von Zuständen in der kollektiven Ebene des Bewußtseins. Ein Wissen um Heilung, ein Wissen von der allgemeinen Funktion und Struktur der Persönlichkeit usw. All dieses Wissen oder alle Arten eines solchen Wissens werden in Blitzen von Licht, von Seligkeit, von Nondualität enthalten sein.

Es ist daher möglich, in diesen Impulsen oder Feldern, die wir nachfolgend IF-Strukturen nennen wollen, Wissen aufzubewahren. Durch diese Strukturen kann es über gewaltige Zeit- und Raumabstände übermittelt werden. Zum Beispiel kann ein erleuchteter Meister des 6. Jahrhunderts sein esoterisches Wissen durch meditative Prozesse in einer solchen IF-Struktur organisieren. Zum Zeitpunkt seines physischen Todes wird das höhere Bewußtsein all dieses Wissen assimilert haben; und es wird jedem später meditierenden frei zugänglich werden, der sich in höherem Bewußtsein durch die besondere IF-Struktur dieses Meisters dem kosmischen Hologramm anschließen kann.

Je mehr ein Meister sich dieser Gesetze bewußt ist, desto mehr und desto spezifischeres Wissen läßt sich aufbewahren. Viele auf dieser Erde haben damit gerechnet, daß das Wissen, das sie in der Meditation und in Zuständen höheren Bewußtseins erworben hatten, zum Zeitpunkt ihres Lebens nicht angewandt werden konnte. Die Zeit war nicht reif, die Menschen waren nicht dazu bereit, derartiges Wissen zu kennen und anzuwenden. Daher wurde und wird es bisweilen verschlüsselt und in solchen IF-Strukturen aufbewahrt.

Mit anderen Worten finden sich in diesen hologrammatischen IF-Strukturen Depots von Wissen um

Energie, Heilung oder höheres Bewußtsein, die in Zuständen höheren Bewußtseins für meditative Annäherung und Entschlüsselung zugänglich sind.

Über diese Gesetzmäßigkeit gibt es geschichtliche Aufzeichnungen. Im tibetanischen Buddhismus gibt es zum Beispiel eine eigentümliche Doktrin von den sogenannten TERTÖNS, Menschen, die mit einer besonderen karmatischen Verbindung zu einem längst verstorbenen Meister geboren werden; und dank ihrer Verbindung zur IF-Struktur dieses Meisters können sie nun dem höheren Bewußtsein Reichtümer an Information entnehmen. Der Meister hat an verschiedenen Orten der Ebene des «Meisterbewußtseins» heilige Texte verborgen und aufbewahrt, so daß ein späterer «Tertön» dieses Wissen wiederfinden, entschlüsseln und herausgeben kann.

2. *Ein Impuls oder ein Feld höheren Bewußtseins induziert archetypische Strukturen in das kollektive Unbewußte.*

Eine IF-Struktur ist nicht dasselbe wie ein Archetypus im kollektiven Unbewußten. Diese Strukturen höheren Bewußtseins unterscheiden sich von Archetypen durch den Grad an Bewußtsein, in dem sie existieren. Das kollektive Unbewußte ist ein tieferstehender, energieschwächerer, gedämpfter, halbdunkler oder geradezu dunkler Bewußtseinsmodus. Höheres Bewußtsein zeichnet sich durch außerordentliche Klarheit, Licht und Präzision aus; es ist weit klarer als das gewöhnliche Bewußtsein.

Ein Impuls oder ein Feld höheren Bewußtseins wird aber, wie alle Erfahrung zeigt, im kollektiven Unbewußten eine neue archetypische Konstellation herstellen.

Christus und Buddha sind beispielsweise solche IF-Strukturen. Sie werden sich von selbst in der kollektiv unbewußten Modifikation der gesamten kosmischen Bewußtseinsstruktur spiegeln oder dort gespiegelt werden. Es wird sich in diesem Fall zeigen, daß sie nach ihrem Leben als Christus oder Buddha, nach ihrer Erleuchtung, als Archetypen in Träumen ihrer eigenen wie auch späterer Generationen auftreten werden. Die Tatsache, daß höheres Bewußtsein in Impuls- wie auch in Feldform entsprechende archetypische Konfigurationen in das kollektive Unbewußte induziert, beweist, daß sich das kollektive Unbewußte durch höheres Bewußtsein ändern und modifizieren läßt.

Folglich ist es möglich, in meditativen Zuständen höheren Bewußtseins auf das kollektive Unbewußte einzuwirken. Nur eines ist notwendig: während sich das Bewußtsein in der Leere für das Licht höheren Bewußtseins öffnet, muß dieses Licht in die Bereiche des kollektiven Unbewußten geleitet werden, in denen Interferenz gewünscht wird.

Beginnt ein Mensch im meditativen Prozeß sich für die spirituelle Energie zu öffnen, so wird diese sich in andere Menschen auszuweiten suchen, in der Form von Zuneigung oder Heilung. Spiritualität läßt sich nicht anhäufen. Der Geist bewegt sich, verbreitet sich, erleuchtet. Das Bewußtsein und die Persönlichkeit werden zu einem Durchgang für das kosmische Licht, die göttliche Liebe. Zunächst breitet sich Spiritualität in einzelnen Menschen aus, später in Gruppen, und schließlich wird eine Verbreitung bis ins kollektive Unbewußte möglich.

Als wir von der meditativen Leere sprachen, sahen wir, daß diese ein Kraftfeld darstellt, mit dem das höhere Bewußtsein in einer Wechselbeziehung steht: einerseits bringt es Energie in das Feld der Leere, andererseits leitet es – in der Begegnung mit der Ganzheit, die in diesem gesättigten Feld wirkt – Energie aus ihm heraus.

In Zuständen höheren Bewußtseins kommen erleuchtete Impulse und Felder durch das meditative rezeptive Bewußtsein zu Wort; und eben hier können derartige tiefgehende Modifikationsphänomene im unbewußten, kollektiven, gemeinmenschlichen Klima stattfinden. In diesem Falle werden sie von IF-Strukturen reguliert. Das Ich kann hier nicht eingreifen; denn wenn das Ich wirkt, ist das höhere Bewußtsein nicht manifest. Meditation von solcher Intensität ist nur dann möglich, wenn das Ich für Augenblicke oder Perioden suspendiert ist.

In den IF-Strukturen des höheren Bewußtseins findet sich viel genaues Wissen um die Ausbreitung des Lichts in das archetypische Klima des kollektiven Unbewußten. Dies wurde manchmal von alten Meistern angewandt, um das kulturelle und zwischenmenschliche Klima in großen Gebieten zu ändern.

Das normale Bewußtsein durch höheres Bewußtsein direkt zu ändern ist auch möglich, jedoch weit schwieriger, da das Ich-Bewußtsein seine Existenz auf ein relativ starkes Sich-Absetzen und eine Verschlossenheit gegen kollektives Unbewußtes wie auch gegen höheres Bewußtsein gründet.

Während das höhere Bewußtsein automatisch und natürlich analoge Strukturen im kollektiven Unbewußten konstellieren wird, wird das Ich-Bewußtsein in Opposition zum höheren Bewußtsein stehen; aufgrund der Verschlossenheit um das Ich-Bewußtsein werden also Strukturen des höheren Bewußtseins nicht von selbst in das Ich-Bewußtsein ganz allgemein eingeführt. Dennoch gibt es anwendbare Techniken, wenn Licht direkt von einem höheren Bewußtseinszustand in andere Ich-

Bewußtheiten übertragen werden soll. Wissen darüber findet sich in IF-Strukturen yantrischer Natur verschlüsselt und bewahrt.

3. *Ein Impuls oder ein Feld höheren Bewußtseins ist aus dem Jetzt zugänglich.*

Um die Bedeutung dieser Gesetzmäßigkeit zu erklären, müssen wir das Phänomen der Zeit etwas genauer betrachten. Dem gewöhnlichen Ich-Bewußtsein erscheint die Zeit als linearer, eventuell als zirkulärer, Prozeß: zunächst Vergangenheit, dann Gegenwart, schließlich Zukunft. Die Zeit wird im allgemeinen als auf einer Linie befindlich abgebildet; Ursachen finden sich in Vergangenheit und Gegenwart, Wirkungen in Gegenwart und Zukunft.

Einem Zustand höheren Bewußtseins erscheint die Zeit auf eine etwas andere Weise. Von hier aus wird sichtbar, daß Vergangenheit und Zukunft in hohem Maße aus der kosmischen Energieentnahme durch das Unbewußtsein des Jetzt produziert werden.

Die Vergangenheit wird aus dem Jetzt aufrechterhalten und bewahrt. Aus ihm wird Energie in die Vergangenheit zurückinvestiert, wodurch diese in einen aktiven Zustand gebracht wird, statt impotent und latent zu sein.

Betrachten wir ein Trauma, zum Beispiel: meine Mutter mochte mich nicht, sie hat mich abgewiesen. Dieser Kummer, diese Hemmung der Energie wird aus der jeweils vorhandenen Energie heraus am Leben gehalten. Das Ich hält daran fest, rückwärts zu schauen und den Kummer über die mütterliche Abweisung zu reproduzieren. Erinnerung ist nicht kostenlos – sie wird mit Energie bezahlt: die Summe der Erinnerungen und ihr Tonus wird von der Energie getragen, die dem Jetzt, der Gegenwart, genommen wird. Entsprechend verhält es sich mit der Zukunft; Pläne, Hoffnungen, Ideen, Ziele, ängstliches und sorgenvolles Vorausdenken: alle diese Zukunftsphänomene erhalten ihr Leben aus dem Jetzt. Die Energie der Gegenwart wird in Vergangenheit und Zukunft entspannt.

Und so sehen wir, daß große Teile der Zeitstruktur von der Energie leben, die dem Jetzt genommen wird. Hierdurch wird die Intensität seiner Energie gemindert; und entsprechend leuchten Erinnerungen und Kummer der Vergangenheit und Hoffnungen und Sorgen der Zukunft noch stärker auf. Je mehr Leben zurück in die Vergangenheit und nach vorn in die Zukunft gelegt wird, desto weniger Leben und Farbe bleibt für das Jetzt. Die Vergangenheit ist der astrale Sinnesbereich; die Zukunft der mentale. Wenn Vergangenheit und Zukunft stark betont werden, ist das Jetzt entsprechend unbewußt. Ist es kräftig und leuchtend, voll von Energie und Freude, so ist die Vergangenheit bleich und bedeutungslos und die Zukunft irrelevant. In höherem Bewußtsein ist das Jetzt reich an Spiritualität; Gleichzeitigkeit, existentielle Gegenwart ist die Daseinsform, die es füllt.

So wie Gedanken letztlich ein Abfuhrphänomen sind, ist es im Grunde auch die Zeit. In höherem Bewußtsein gibt es daher weder Gedanken noch Zeit. Stattdessen finden sich Licht, Klarheit, Freude, Gegenwart.

Das höhere Bewußtsein ist in IF-Strukturen organisiert. Diese befinden sich in einer zeittranszendenten Dimension, deren einzige Berührung mit der Zeit in einem energiegeladenen hochintensiven Jetzt stattfindet. Berührt das höhere Bewußtsein im Jetzt die Zeit, so wird sie zu einer Zeit der Fülle verwandelt.

Der meditative Prozeß wird langsam des Bewußtsein potenzieren, bis der Punkt erreicht ist, an dem sich die Lichtdurchstrahlung der Illumination ereignet. Das hier aufstrahlende Licht ist die erste Manifestationsform höheren Bewußtseins. Wird dieser Lichtblitz vertieft oder entfaltet, so enthüllt sich das höhere Bewußtsein als ein Impuls oder ein Feld, dessen einziger Zugang sich in absoluter Gegenwart findet.

Wird durch die Stille des Jetzt eine IF-Struktur berührt, so wird Energie von selbst durch diese Struktur aus der kosmischen Quelle in das meditative Bewußtsein strömen. Dieser Zustrom wird als Licht oder Liebe erlebt, als Heilung, Wissen, Inspiration oder Intuition. Leere, Licht, Seligkeit, mitfühlende Liebe sind Grenzerfahrungen, jenseits des Ich, auf der Schwelle zum reinen transzendenten Einheitsbewußtsein.

«Buddha sagte: «Wenn ein Bodhisattva sagte: ʻIch will harmonische Buddhafelder erschaffen', so redete er falsch. Und warum? Harmonien der Buddhafelder, Harmonien der Buddhafelder, o Subhuti, als Nicht-Harmonien werden sie von dem Erleuchteten beschrieben. Darum sprach er von ʻharmonischen Buddhafeldern'.»

(Vajrachedika Prajnaparamita 10 b – Diamantsutra)

5. KAPITEL

Einheit

5. Die Einheit des höheren oder kosmischen Bewußtseins
   entzieht sich der Sprache.

Da die Einheit des höheren oder kosmischen Bewußtseins sich gleichzeitig als Impuls und als Feld äußert,
und da diese Formen sich anscheinend rational
gegenseitig ausschließen, entzieht sich diese Einheit
prinzipiell der Sprache.

Höheres Bewußtsein

1. Konzentration ist die andauernde Ausrichtung des
Bewußtseins auf einen und denselben Gegenstand.
1.1. In der Ausrichtung der Konzentration ruht das
Bewußtsein zunächst im Denken, dann im Schauen.
1.2. Konzentration sammelt und bewahrt die Energie,
die das Denken in Form von Gedanken zerstreut und
verbraucht.
1.3. Denken ist eine Handlung in Richtung auf Inhalt;
Konzentration eine Handlung in Richtung auf Form.

2. Meditation ist die Ausrichtung des Bewußtseins auf sich selbst und auf seinen Gegenstand zu gleicher Zeit.

2.1. Gleichgewicht zwischen der Ausrichtung des Bewußtseins auf sich selbst und auf seinen Gegenstand ist Stille.

2.2. Wenn die Zentrierung des Bewußtseins ihre Position im Unterschied zwischen Innen und Außen verläßt und sich in die Stille begibt, tritt Leere ein.

2.3. Meditation ist die letzte Handlung vor handlungsfreier Offenheit.

3. Illumination ist das ungehinderte Durchstrahlen des Lichtes aus dem meditativen Zentrum des Bewußtseins in dem Augenblick, da die Grenzen des Bewußtseins aufgehoben werden.

3.1. Illumination ist die Durchsichtigkeit der Persönlichkeit in sich selbst und im Kosmos.

3.2. In der Durchsichtigkeit ist der Unterschied zwischen Innen und Außen, zwischen Bewußtsein und Gegenstand, aufgehoben.

3.3. Illumination ist die Umkehr der Geburt.

4. Höheres Bewußtsein ist der Zustand, in dem die Erfahrung der gesamten kosmischen Energie – des Göttlichen – stattfindet.

4.1. Die kosmische Energie manifestiert sich gleichzeitig als Impuls wie auch als Feld.

4.2. Ein Impuls oder ein Feld höheren Bewußtseins ist eine durchstrukturierte Harmonie von Wissen, Licht und Energie.

5. Die Einheit des höheren oder kosmischen Bewußtseins entzieht sich der Sprache.

Jes Bertelsen
Wachstumszentrum für Arbeit,
Entwicklung und Meditation
Mitteljütland
Februar 1983/Februar 1993